MERLIN CAROTHERS

Ich suchte stets das Abenteuer

W0066639

VERLAG JOHANNES FIX
706 SCHORNDORF (WÜRTT.)

Aus dem Amerikanischen übersetzt von Brigitte Mayer
Umschlaggestaltung: Karl-Heinz Schablowski
Titelbild: roebild
Originaltitel: Prison to Praise

211.–220. Tausend Oktober 1985
© der deutschen Ausgabe Verlag Johannes Fix, Schorndorf
Druck und Verarbeitung: Ebner Ulm
ISBN 3-87228-052-X

Inhalt

»Seid allezeit fröhlich,
betet ohne Unterlaß,
seid dankbar in allen Dingen;
denn DAS ist der Wille Gottes
in Christus Jesus an EUCH!«

1. Thessalonicher 5, 16–18.

I

Ein Gefangener

Ich spürte, wie sich kaltes Metall um mein linkes Handgelenk legte, und hörte jemand mit barscher Stimme zu mir sagen: »FBI. Sie sind verhaftet.«

Ich hatte es mir auf dem Rücksitz des Wagens bequem gemacht und meinen linken Arm dabei lässig aus dem Fenster hängen lassen. Der Wagen war gestohlen, ich selbst hatte mich unerlaubt von der Truppe entfernt.

Daß ich keine Ausgangserlaubnis hatte, kümmerte mich wenig; aber daß sie mich nun doch geschnappt hatten, das verletzte meinen Stolz empfindlich. Ich hatte immer gemeint, ich könne mein eigenes »Ding drehen«, ohne dabei erwischt zu werden. Nun hatte ich das demütigende Dasein eines Gefangenen vor mir: die triste Gefängniszelle, das Schlangestehen um einen Blechnapf voll stinkigen kalten Futters, zurück in die eintönige Zelle, die harte Pritsche und nichts anderes tun, als ständig darüber nachzudenken, wie ich so dumm hatte sein können, mir diese Suppe einzubrocken.

Seit meinem zwölften Lebensjahr hatte ich ein recht freies Leben geführt. Damals war nämlich ganz plötzlich mein Vater gestorben und hatte meine Mutter mit uns drei Jungen alleine zurückgelassen. Meine Brüder waren damals sieben und ein Jahr alt. Da die Fürsorgeunterstützung für den Lebensunterhalt nicht ausreichte, verdiente meine Mutter mit Wäschewaschen noch etwas hinzu. Sie redete immer davon, daß Papa in den Himmel gegangen sei und daß Gott für uns sorgen würde; aber ich konnte das nicht einsehen und lehnte mich mit der ganzen Kraft eines Zwölfjährigen gegen einen Gott auf, der so etwas zulassen konnte.

Jeden Abend nach der Schule trug ich Zeitungen aus, bis es längst schon dunkel war; ich war fest entschlossen, das Leben zu meistern. Ich wollte herausholen, was herauszuholen war, und manchmal hatte ich das Gefühl, daß ich es auch schaffen würde. Meiner Meinung nach hatte ich das Recht, alles mitzunehmen, was ich in den Griff bekommen konnte.

Als Mutter sich wieder verheiratete, zog ich zu Papas alten Bekannten. Ich besuchte die Realschule, arbeitete aber ständig nebenbei. Ich arbeitete nach der Schule und während der Sommerferien – als Packer, Versandangestellter, Linotypesetzer und einen Sommer als Holzfäller in Pennsylvanien.

Dann ging ich aufs College, doch das Geld ging mir aus, und ich mußte wieder arbeiten gehen. Diesmal bekam ich einen Job als Stahlschleifer bei B & W Steel. Keine sehr angenehme Arbeit, doch ich blieb dabei in ausgezeichneter körperlicher Verfassung. Wenn ich das Rennen gewinnen wollte, mußte ich vor allen Dingen körperlich fit bleiben; in diesem Punkt wollte ich auf keinen Fall versagen.

Ich wollte eigentlich nie in die Armee eintreten. Mein Wunsch war, bei der Handelsmarine zur See zu fahren. Für mich war dies die beste Gelegenheit, um am zweiten Weltkrieg aktiv teilzunehmen.

Um in die Handelsmarine zu kommen, mußte ich jedoch von der Wehrdienststelle, die mich für den Collegebesuch vom Wehrdienst zurückgestellt hatte, neu eingestuft werden. Noch bevor es mir gelang, in die Handelsmarine zu kommen, wurde ich von der Armee eingezogen. Dort wurde mir gesagt, ich könne mich freiwillig zur Kriegsmarine melden. Das tat ich dann auch, doch der Zufall wollte es, daß es nicht soweit kam. Der Sehtest, dem ich unterzogen wurde, fiel nämlich schlecht aus – ich war beim Lesen versehentlich eine Zeile zu tief gerutscht! So landete ich entgegen all meinen Bemühungen schließlich doch bei der Grundausbildung in Fort McClellan (Alabama).

Dort langweilte ich mich zu Tode. Die Ausbildung war fade, und da ich das Abenteuer suchte, meldete ich mich freiwillig zur Ausbildung als Fallschirmspringer nach Fort Benning (Georgia).

Wegen meiner rebellischen Grundhaltung war es für mich immer problematisch, mit meinen Vorgesetzten auszukommen. Trotz all meiner Bemühungen, nicht aufzufallen, kritisierten sie ständig an mir herum. Während eines körperlichen Trainings im Sägmehlgraben spuckte ich einmal gedankenlos auf die Erde. Der Feldwebel sah es und platzte los wie ein Wolkenbruch: »Heben Sie das sofort mit dem Mund wieder auf und tragen Sie es außer Sichtweite!« schrie er mich an.

»Du machst wohl Witze«, dachte ich, doch sein Blick und sein zornrotes Gesicht belehrten mich eines anderen. So ging ich denn – meinen Groll und meinen Unmut sorgsam verbergend –, hob das Ausgespuckte und gleichzeitig einen Mundvoll Sägmehl auf und trug es »außer Sichtweite«.

Die Entschädigung dafür kam, als wir zum erstenmal aus dem fliegenden Flugzeug springen durften. Das war das Leben, wie ich es suchte! Aufregend und abenteuerlich, wie ich es mir wünschte! Durch den dröhnenden Lärm der Motoren hindurch ertönte der Befehl: »Fertigmachen! . . . Aufstehen! . . . Anhaken! . . . An die Tür! . . . ABSPRINGEN!«

Man wird von einem mächtigen Windstoß erfaßt und kommt sich vor wie ein Blatt im Wind. Wenn sich die Fallschirmleine ganz gestrafft hat, gibt es einen gewaltigen Ruck, daß man meint, alle Knochen würden einem zerbrechen. Man hat das Gefühl, als wäre man gegen einen Zehn-Tonner-Lkw geprallt.

Wenn man dann aber wieder klare Gedanken fassen kann, schwebt man in einer schönen, stillen Welt; über einem wölbt sich wie ein riesiges weißes Seidendach der Fallschirm.

Ich gehörte nun zur Luftlandetruppe und verdiente mir die Ehre, die glänzenden Fallschirmjäger-Stiefel zu tragen.

Doch zufrieden war ich immer noch nicht. Ich wollte mehr Abenteuer und meldete mich freiwillig zu einem Lehrgang als Sprengstoffexperte. Ich wollte mitten hinein ins Kriegsgeschehen. Mein Motto war: je heißer die Schlacht, desto besser.

Nach Absolvierung dieses Kurses für Sprengstoffexperten kehrte ich nach Fort Benning zurück und wartete auf den Befehl zum Dienst in Übersee. Ich schob Wache vor dem Militärgefängnis, machte Küchendienst und wartete ab. Geduld war nicht gerade meine starke Seite. Ich befürchtete – falls es eine Truppenverschiebung geben würde –, daß mir am Ende der ganze Spaß noch entgehen könnte und ich vielleicht bis Kriegsschluß mit Pfannen- und Töpfescheuern beschäftigt sein würde.

Ich war absolut nicht bereit, untätig herumzusitzen, und entschloß mich deshalb eines Tages, zusammen mit einem Freund das Weite zu suchen.

Zu Fuß verließen wir das Militärgelände, stahlen unterwegs ein Auto·und machten uns aufs Geratewohl auf den Weg. Für den Fall, daß uns doch jemand suchen sollte, ließen wir bald das erste Auto stehen und stahlen ein anderes. Schließlich kamen wir nach Pittsburgh (Pennsylvania). Dort ging uns das Geld aus, also entschlossen wir uns zu einem Raubüberfall.

Ich hatte die Pistole, mein Freund wartete im Auto. Wir hatten uns ein Ladengeschäft ausgesucht, das für diesen Zweck geeignet schien. Unser Plan war, daß ich zunächst das Telefonkabel zerreißen sollte, damit die Polizei nicht verständigt werden konnte, aber so sehr ich auch daran riß, das Kabel wollte nicht nachgeben. Ich sah meinen Plan durchkreuzt. Zwar hatte ich die Pistole in der Tasche, und die Ladenkasse war sicher voll Geld, aber die Telefonleitung war eben noch intakt. Auf keinen Fall wollte ich eine Katastrophe heraufbeschwören.

Ich ging also wieder zum Auto zurück und sagte meinem Kumpel, wie die Dinge standen. Wir saßen noch unschlüssig da, aßen grüne Äpfel und unterhielten uns auf dem Rücksitz des Wagens, als der lange Arm des Gesetzes zugriff. Wir wußten nicht, daß bereits in sechs verschiedenen Staaten Großfahndung ausgelöst worden und der FBI uns dicht auf den Fersen war.

Meine Suche nach Abenteuern hatte ein ziemlich schmähliches Ende gefunden. Bald war ich wieder in Fort Benning – diesmal hinter Gittern. Noch vor wenigen Wochen hatte ich vor dem Militärgefängnis Wache geschoben. Ich wurde zu sechs Monaten Arrest verurteilt. Im Gefängnis startete ich sogleich eine Kampagne, um endlich den ersehnten Stellungsbefehl durchzusetzen. Meine Kumpels im Arrest lachten mich aus und sagten: »Du wärst doch bestimmt nicht abgehauen, wenn du nach Übersee gewollt hättest.«

Aber ich beteuerte ihnen, daß mir nur das Warten zu lang geworden wäre und daß ich deshalb abgehauen sei.

Schließlich setzte ich meinen Antrag doch durch. Ich wurde für den Einsatz in Übersee eingeteilt und kam »unter Aufsicht« nach Camp Kilmer (New Jersey), wo ich im Militärgefängnis auf das Schiff wartete, das uns nach Europa bringen sollte.

Endlich war ich unterwegs – aber in einer anderen Richtung. Noch am Abend vor der Ausfahrt wurde ich ins Büro des Kommandeurs beordert. Dort wurde mir eröffnet, daß ich nicht mit der übrigen Truppe verschifft würde. »Der FBI hat verfügt, daß Sie hierbleiben und nach Pittsburgh zurückkehren.«

Wieder spürte ich das kalte Eisen der Handschellen und wurde unter bewaffneter Aufsicht nach Pittsburgh zurückgebracht. Ein streng dreinschauender Richter verlas die Anklage und fragte dann: »Bekennen Sie sich schuldig oder nicht schuldig?«

Auch meine Mutter war anwesend. Als ich ihr verweintes Gesicht sah, wurde ich weich. Nicht, daß mir mein Handeln leid getan hätte. Aber ich wollte unbedingt herauskommen und endlich mein Leben genießen. Je früher, desto besser.

»Schuldig, Sir.« Ich war auf frischer Tat ertappt worden und nahm mir damals vor, es sollte das letzte Mal sein. Ich wollte nun die speziellen Tricks lernen und diese so meisterhaft anwenden, daß man mich nicht mehr in eine Falle locken würde.

Der Bezirksanwalt klärte den Richter über meine Vergangenheit auf; dieser wiederum bat die Unersuchungsbeamten um ihre Empfehlung.

»Wir plädieren für ein mildes Urteil.«

»Angeklagter, was wünschen Sie?« fragte der Richter mich.

»Ich möchte in den Wehrdienst zurück und so schnell wie möglich in den Krieg«, sagte ich kurz.

»Das Urteil lautet auf fünf Jahre Haft in der Bundesstrafanstalt.«

Seine Worte trafen mich wie ein Blitzschlag. Ich war neunzehn und würde vierundzwanzig sein, wenn ich herauskäme. Nun war mein ganzes Leben verpfuscht.

». . . das Urteil wird jedoch zur Bewährung ausgesetzt, Sie können in den Wehrdienst zurück.«

Gerettet – Gott sei Dank! In knapp einer Stunde war ich entlassen. Doch zunächst las mir der Bezirksanwalt tüchtig die Leviten und sagte mir, wenn ich vor Ablauf von fünf Jahren die Armee verließe, müßte ich mich bei ihm wieder melden.

Endlich frei! Ich fuhr auf schnellstem Wege nach Fort Dix (New Jersey) zurück, aber nur, um einen neuen Schlag versetzt zu bekommen. In Fort Dix wurden meine Papiere überprüft, und ich wurde wieder ins Militärgefängnis gesteckt, um die sechsmonatige Haftstrafe zu verbüßen, die ich für unerlaubtes Entfernen von der Truppe bekommen hatte!

Nun hatte ich nur noch einen Gedanken: entweder würde ich in den Krieg geschickt, oder aber ich würde draufgehen. Wiederum startete ich eine Kampagne, um nach Übersee verschifft zu werden. Ich belästigte den Kommandeur so lange, bis ich schließlich nach vier Monaten Haft entlassen wurde. Bald darauf bestieg ich die »Mauretania«, mit der ich den Atlantik überquerte.

Zu sechst lagen wir übereinander in der Kabine. Ich hatte Glück, denn ich bekam die oberste Falle. Dadurch blieb ich wenigstens von den Duschen verschont, die sich ab und zu über die tiefer gelegenen Kojen ergossen, wenn einzelne sich erbrachen.

Nicht, daß ich mir ernsthaft Sorgen gemacht hätte. Ich war froh, endlich unterwegs zu sein, und wollte keine Zeit mehr verschwenden. Ich wollte so viel wie möglich erleben und aus dem Krieg so viel wie möglich Gewinn schlagen. Während meiner Haft hatte ich etwas gelernt, das mir nun sehr zustatten kam. Ich hatte mich meisterhaft im Gewinnspiel geübt, und nun vertrieben wir uns auf dem Schiff die Zeit damit. Es gelang mir, ein ansehnliches Sümmchen auf die Seite zu bekommen. Nur ein einziges Mal wurden wir bei einem Zwischenfall an den eigentlichen Grund unserer Seereise erinnert, als ein deutsches U-Boot versuchte, uns zu treffen, aber das Ziel verfehlte.

In England wurden wir in Eisenbahnwagen verladen, die uns zum Ärmelkanal beförderten. Dort bestiegen wir kleine Boote, in denen wir dann bei hohem Seegang den Kanal überquerten. Während unserer ganzen Überfahrt goß es in Strömen. Auf der französischen Seite angelangt, mußten wir in hüfthohes Wasser springen und an Land waten.

Am Strand standen wir dann in tropfnasser Kleidung Schlange und faßten unsere eisernen Rationen. Mit der Bahn ging es weiter in östlicher Richtung. Ohne Halt durchquerten wir Frankreich und wurden dann auf LKWs umgeladen, die uns nach Belgien brachten. Dort trafen wir gerade rechtzeitig zur Schlacht der 82. Luftlandedivision ein.

Am ersten Tag meines Kampfeinsatzes entdeckte der Komman-

12

dierende Offizier in meinen Unterlagen, daß ich Sprengstoffexperte war. Sofort mußte ich an die Arbeit gehen und aus einem
Haufen Plastik-Sprengstoff kleine Bomben fertigen. Der Haufen
war knapp einen Meter hoch. Ich zog einen Holzklotz heran und
machte mich an die Arbeit. Ein anderer Soldat half mir dabei.
Ich erfuhr, daß er schon seit vielen Monaten bei dieser Einheit
war. Während er mir von seinen Erlebnissen bei der 82. Luftlandedivision erzählte, sah ich in der Ferne feindliche Artillerie-
geschosse explodieren. Die Explosionen kamen immer näher
auf unsere Stellung zu. Ich schielte mit einem Auge zu meinem
Kameraden hinüber, um zu sehen, wann er wohl das Signal zum
In-Deckung-Gehen geben würde. Er hatte ja schon so viel
Kampferfahrung, während ich noch Neuling war. Ich wollte
mich auf keinen Fall feige zeigen. Die Explosionen kamen
immer näher, meine Angst nahm zu.
Würde eines dieser Geschosse bei uns einschlagen, dann wäre
von dem Stapel Bomben nur noch ein riesiger Krater übrig.
Aber der andere saß da und kümmerte sich überhaupt nicht um
das Artilleriefeuer. Ich war verzweifelt und wäre um alles in der
Welt gerne in Deckung gegangen, aber ein Feigling wollte ich
auch nicht sein. Schließlich schlugen die Geschosse auf der anderen Seite ein. Sie hatten ihr Ziel verfehlt!
Zwei Tage später erfuhr ich dann, weshalb sich der andere Soldat so gelassen gegeben hatte. Wir gingen beide durch einen
Wald, der als schwer vermint galt. Ich behielt die Augen offen
und achtete sorgsam auf irgendwelche Anzeichen von Spreng-
fallen; doch der andere ging seinen Weg, als ob es überhaupt
keine Gefahr gebe.
Schließlich fragte ich ihn: »Weshalb achtest du eigentlich nicht
auf die Minen?«
»Wenn es mich doch nur erwischen würde«, antwortete er. »Dieser Saukrieg stinkt mir langsam. Lieber heute als morgen ins
Gras beißen.«
Von da an blieb ich ihm so fern wie nur irgend möglich!

Bei Kriegsende ging ich mit dem 508. Luftlanderegiment nach
Frankfurt am Main, wo ich als Leibwächter für General Dwight
D. Eisenhower eingesetzt wurde.

Ich hätte zwar gerne mehr von der Kampftätigkeit mitbekommen, aber die errungene Siegesbeute war auch nicht gerade das Schlechteste. Wir wohnten in Appartementhäusern, die mit Plüsch ausgelegt waren und einst hohen deutschen Regierungsbeamten gehört hatten.

Ich war immer noch auf der Suche nach aufregenden Erlebnissen. Einmal bekam ich beinahe mehr davon, als mir lieb war. Wir wurden in Flugzeuge verfrachtet und sollten später abspringen. Es sollte eine routinemäßige Übung sein. Man hatte uns gesagt, die Filmschauspielerin Marlene Dietrich befände sich unter den Zuschauern, und wir hofften natürlich alle, daß wir in ihrer Nähe landen würden.

Sobald ich aus dem Flugzeug gesprungen war, suchte ich das Gelände unter mir ab, um die »Frau mit den schönen Beinen« zu entdecken. Plötzlich wurde mir klar, daß etwas Furchtbares passiert war. Um mich her in der Luft hörte ich gellende Schreie, und direkt über meinem Kopf heulten die Motoren eines Flugzeugs auf.

Mehrere hundert Fallschirmspringer schwebten in der Luft. Bei einem Flugzeug mußte der Motor ausgefallen sein, denn es sackte ab und stürzte mitten durch die Springergruppe. Fallschirme wurden abgerissen, und Männer stürzten auf die Erde. Sie schlugen gerade an der Stelle auf, an der Marlene Dietrich stand. Mein Fallschirm war intakt geblieben, und als ich den Boden erreichte, sah ich überall leblose Körper herumliegen. Das Flugzeug stand in Flammen.

In Frankfurt hatte ich viel freie Zeit. Um mich gut amüsieren zu können, brauchte ich stets eine tüchtige Portion Alkohol. Manchmal war ich so voll, daß ich nicht mehr wußte, was ich tat. Am anderen Tag erzählten mir die Kameraden dann immer, was ich mir in der vorhergehenden Nacht geleistet hatte. Einmal legte ich mich in einer Straßenbahn in meiner ganzen Länge auf den Fußboden und ließ keinen Menschen über mich wegsteigen. Die anderen Soldaten krümmten sich vor Lachen und fanden die Sache recht belustigend. Es kam mir nie in den Sinn, daß mein Verhalten nicht gerade dazu beitrug, das Ansehen der amerikanischen Besatzungsmacht zu fördern.

Bald entdeckte ich auch, daß man durch Geschäfte auf dem

Schwarzmarkt schneller und sicherer zu Geld kommen konnte als durch Gewinnspielen. Von Kameraden kaufte ich Zigaretten zum Preis von 10 Dollar pro Stange. Ich füllte damit meinen Koffer und ging in jenen Stadtteil, wo das Schwarzmarktgeschäft blühte. Dort verkaufte ich die Stange zu 100 Dollar. In diesem Viertel gab es zwar häufig Raubüberfälle, Schlägereien und auch Morde, aber das kümmerte mich nicht. Ich hatte ja stets einen Finger am Abzug meiner durchgeladenen Pistole.

Bald war mein Koffer voll mit 10-Dollar-Scheinen Besatzungsgeld. Das einzige Problem bestand darin, daß ich nicht wußte, wie ich dieses Geld in die Vereinigten Staaten bekommen konnte. Eine strenge Kontrolle sorgte dafür, daß jeder Soldat nur den Betrag nach Hause schicken konnte, den er von der Armee ausbezahlt bekam. Ganze Nächte lang lag ich wach und überlegte, wie ich dieses Kontrollsystem umgehen könnte.

Eines Tages ging ich zum Postamt und beobachtete dort die Soldaten, die Schlange standen, um ihren monatlichen Zahltag in Schecks umzutauschen. Jeder mußte seine Lohnkarte bei sich haben, auf der der genaue Betrag, der ihm ausgezahlt worden war, eingetragen sein mußte. Da fiel mir ein Mann auf. Er hatte einen ganzen Stoß Lohnkarten bei sich, ferner eine Tasche mit Geld. Begleitet wurde er von einem bewaffneten Wachsoldaten. Er war Lohnbuchhalter einer US-Firma, der für die ganze Belegschaft Schecks umtauschte. Plötzlich wurde mir klar, daß ich nur einen Stoß solcher Lohnkarten benötigen würde.

Ich spürte diesen Buchhalter auf. Er erklärte sich bereit, mir diese Lohnkarten zu beschaffen, wenn ich ihm für jede Karte fünf Dollar zahlen würde. Damit war ich einverstanden.

Dann ging ich mit dem Geld und mit den Lohnkarten zum Postamt, gab mich als Buchhalter meines eigenen Privatunternehmens aus und ließ mir die Schecks ausstellen. Alles klappte wie am Schnürchen!

Mittels dieses Systems fand ich neue Wege, um mich mit Besatzungsgeld einzudecken. Ich erfuhr, daß aus Berlin kommende Soldaten für jeden 100-Dollar-Scheck 1000 Dollar Besatzungsgeld zahlten. Ein solches Geschäft kam mir natürlich wie gerufen. Die verdienten 900 Dollar tauschte ich wiederum in Schecks um. Ich war auf dem Wege, ein reicher Mann zu werden!

Damals kam ein Erlaß der Armee heraus, wonach amerikanische Soldaten an europäischen Universitäten studieren konnten. Auch ich legte die Prüfung ab, bestand sie und wurde zum Studium an der Universität von Bristol (England) zugelassen. Die Kurse, die ich dort belegte, waren aber weit weniger interessant als die Tatsache, daß wir nun von Mädchen umgeben waren, die Englisch sprachen. Bald lernte ich eine hübsche Blondine kennen. Sie hieß Sadie und war so fröhlich und humorvoll, daß ich mich Hals über Kopf in sie verliebte. Innerhalb von zwei Monaten heirateten wir und verbrachten genau dreißig wunderschöne Tage in England, ehe ich nach Deutschland zurückkehren mußte. Sadie blieb mit anderen Soldatenfrauen in England zurück und wartete darauf, mit einem Lufttransport in die Vereinigten Staaten geflogen zu werden.

Ich kam fast sechs Monate vor meiner jungen Frau in den Vereinigten Staaten an und konnte es kaum erwarten, bis wir wieder zusammen waren.

Endlich erhielt ich das langersehnte Schreiben, in dem mir mitgeteilt wurde, daß ich aus der Armee entlassen war. Wieder frei! Ich hatte absolut kein Verlangen mehr, jemals wieder eine Kaserne von innen zu sehen. Ich besaß jetzt eine Menge Geld, und vor mir lag eine scheinbar sorglose Zukunft.

Mir blieb nur noch ein Problem: ich hatte einen ganzen Koffer voller Schecks und wußte nicht, wie ich sie in knisternde grüne Dollarscheine umtauschen konnte. Im Postamt meiner Heimatstadt Ellwood City (Pennsylvania) konnte ich ja nicht gut den ganzen Inhalt auf den Schaltertisch kippen. Es fiel mir dann doch eine Lösung ein. Einzeln sandte ich die Schecks an ein Postamt in New York, und so trudelten die Beträge nacheinander ein.

Auf Grund meiner bisherigen Erfahrungen mit dem Gesetz war ich zu der Überzeugung gekommen, daß ich einen solchen Beruf ergreifen mußte, in dem ich jede nur mögliche Gesetzeslücke für meine unreellen Geschäfte ausnützen konnte.

II

Befreit

Großmutter war eine freundliche alte Dame, und auf Großvater hielt ich große Stücke. Aber sie zu besuchen, war für mich trotzdem eine Qual, und ich drückte mich davor, wenn es irgendwie möglich war. Sie machten mich immer ganz nervös, denn Großmutter fand stets Gelegenheit, vom christlichen Glauben zu sprechen.

»Mir geht es gut«, sagte ich dann gewöhnlich. »Um mich brauchst du dir keine Sorgen zu machen.«

Doch sie blieb beharrlich: »Du mußt dein Leben Christus übergeben, Merlin.«

In der Tat machten mir ihre Ermahnungen mehr zu schaffen, als ich zugeben wollte. Ich wollte sie auf keinen Fall beleidigen, aber für dieses religiöse Zeug hatte ich absolut nichts übrig; für mich hatte das Leben eben erst richtig begonnen.

Eines Sonntagabends, kurz nach meiner Rückkehr aus Deutschland, besuchte ich die Großeltern. Bald merkte ich, daß ich damit einen Fehler begangen hatte. Die beiden machten sich nämlich gerade fertig, um zum Gottesdienst zu gehen.

»Geh doch mit uns, Merlin«, sagte Großmutter. »Wir haben dich so lange nicht gesehen. Wir würden uns wirklich freuen.«

Ich wand mich auf meinem Stuhl. Wie konnte ich mich jetzt noch auf höfliche Weise aus dem Staub machen?

»Ich würde schon gerne mitgehen«, sagte ich schließlich. »Aber Bekannte von mir haben mich schon gefragt, ob sie mich abholen könnten.«

Großmutter war enttäuscht. Schnell ging ich ans Telefon und rief sämtliche Bekannte an, die mir gerade einfielen. Zu meinem Entsetzen konnte ich keinen einzigen finden, der Zeit gehabt hätte, mich abzuholen.

Allmählich wurde es Zeit zum Gehen, aber ich konnte ja auch nicht einfach sagen: »Ich will nicht gehen.«

Zum Schluß hatte ich keine andere Wahl. Gemeinsam mit den Großeltern ging ich zur Kirche.

Der Gottesdienst fand in einem Schuppen statt, doch die Anwesenden schienen trotzdem recht glücklich zu sein. Die Ärmsten, dachte ich, sie haben keine Ahnung von dem wahren Leben in der Welt, sonst würden sie nicht einen ganzen langen Abend in diesem alten Schuppen verbringen.

Das Eingangslied wurde gesungen. Ich griff nach einem Gesangbuch, damit ich dem Wortlaut des Liedes folgen konnte. Es sollte ja auch nicht gerade so aussehen, als ob ich ganz gottlos wäre.

Plötzlich hörte ich eine tiefe Stimme, die mir direkt ins Ohr sprach.

»Wie bitte – was haben Sie gesagt?« Rasch wandte ich mich um, aber da war kein Mensch zu sehen.

Wieder hörte ich die Stimme: »Heute abend mußt du dich für mich entscheiden, sonst ist es zu spät.«

Ich schüttelte den Kopf und sagte mechanisch: »Weshalb denn?«

»Weil es sonst zu spät ist.«

Hatte ich denn nicht mehr alle Tassen im Schrank? Doch die Stimme war echt. Es war Gott, und er kannte mich! Blitzartig ging mir das auf. Warum war mir das vorher nie bewußt geworden? Gott existierte; er war die Antwort. In ihm fand ich alles, was ich je gesucht hatte.

»Ja, Gott«, hörte ich mich flüstern. »Ich gehe darauf ein, ich will tun, was du von mir verlangst.«

Der Gottesdienst ging weiter, doch ich war in einer anderen Welt. Es kam mir fast verrückt vor, aber es war so: ich kannte jetzt Gott!

Großvater saß neben mir, tief in Gedanken versunken. Damals wußte ich es noch nicht, aber später erzählte er es mir. Er hatte auch zu kämpfen. Seit Jahren rauchte er und kaute Kautabak. Vierzig Jahre lang war er schon an dieses Kraut gebunden und inzwischen ganz schön süchtig geworden. Oft hatte er versucht, davon loszukommen, aber wenn ihn dann die Kopfschmerzen plagten, kaute und rauchte er bald wieder – schlimmer als zuvor.

18

Jetzt saß er neben mir und gab Gott ein Gelübde. »Gott, wenn du aus Merlin einen anderen Menschen machst, dann gebe ich den Tabak auf, und wenn es mich umbringt.«

Kein Wunder, daß er fast in Ohnmacht fiel, als ich am Ende des Gottesdienstes nach vorne ging, um öffentlich die Entscheidung zu bekennen, die ich während des Singens getroffen hatte.

Jahre später stand ich an seinem Bett, als seine letzte Stunde gekommen war. Er sah mich an und lächelte. »Merlin«, sagte er, »ich habe das Versprechen gehalten, das ich Gott damals gab.«

An jenem Sonntagabend konnte ich es kaum erwarten, bis ich nach Hause kam, um die Bibel zu lesen. Ich wollte Gott kennenlernen, voll Verlangen las ich Seite um Seite. Ich hatte ein wunderbar freudiges Gefühl. Es war noch viel schöner als beim Abspringen mit dem Fallschirm. An jenem Abend war mir Gott begegnet und hatte aus mir einen neuen Menschen gemacht. Ich hatte das Empfinden, daß ich an der Schwelle neuer, spannender Erlebnisse stand, wie ich sie mir überhaupt noch nicht vorstellen konnte. Der Gott Abrahams, Isaaks und Jakobs lebte noch. Der Gott, der das Rote Meer teilte, der durch einen brennenden Busch sprach, seinen Sohn sandte und ihn an einem Kreuz sterben ließ – dieser Gott war auch mein Vater!

Plötzlich konnte ich verstehen, was mein Vater mir damals hatte sagen wollen. Mit 36 Jahren war er zum erstenmal in seinem Leben ans Bett gefesselt. Drei Tage später trat ein Herzstillstand ein. Der Arzt gab ihm eine Spritze, und sein Herz fing wieder an zu schlagen. Er öffnete die Augen und sagte: »Das ist nicht mehr notwendig, Herr Doktor. Ich verlasse jetzt die Welt.« Dann setzte er sich im Bett hoch und sah sich mit einem Leuchten auf dem Angesicht im Zimmer um.

»Schaut doch!« sagte er. »Sie sind hier, um mich zu holen.« Mit diesen Worten legte er sich zurück und war entschlafen.

Mein Vater hatte Jesus Christus als seinen persönlichen Freund und Erlöser erkannt. Er war bereit gewesen.

Nun war auch ich bereit. Doch irgendwo ganz tief in meinem Inneren war noch ein unruhiges, nagendes Gefühl. Etwas war noch nicht in Ordnung, aber was? Herr, zeige es mir!

Allmählich wurde es mir klar. Das Geld! Das ganze Geld – es gehörte nicht mir. Ich mußte es zurückgeben.

Nachdem ich mich auch dazu bereit erklärt hatte, atmete ich erleichtert auf. Ich konnte es kaum erwarten, bis ich dieses Geld los war. Es war, als ob ich inwendig krank wäre, und ich wußte, dieses Gefühl würde so lange da sein, bis ich das Geld weggebracht hätte.

Ich ging zum Postamt. Doch dort wurde mir nur gesagt, daß sie damit nichts zu tun hätten, denn ich hätte die Schecks ja nicht gestohlen. Ich könnte sie nach Belieben verwenden.

Ich hatte immer noch eine größere Anzahl nicht eingelöster Schecks. Ich nahm den Koffer mit den Schecks ins Badezimmer und spülte die 100-Dollar-Schecks haufenweise die Toilette hinunter. Jedesmal, wenn ich auf die Spülung drückte, stieg große Freude in mir auf.

Aber da war noch das Geld, daß ich bereits gegen Schecks eingetauscht hatte. Ich schrieb an das Finanzministerium und erklärte ihnen, wie ich zu diesem Geld gekommen war. Sie schrieben mir zurück und fragten, ob ich irgendeinen Beweis dafür hätte, daß ich auf diese Weise zu dem Geld und zu den Schecks gekommen sei. Doch es war zu spät; den Beweis hatte ich in den Abfluß hinuntergespült! Ich erklärte ihnen, daß ich außer dem Geld keinerlei Beweismittel hätte. Darauf antworteten sie mir, das einzige, was ich tun könne, sei, das Geld an die Kasse zur Rückzahlung hinterzogener Steuergelder einzuzahlen.

Nun war ich wieder ein armer Mann, aber gerne gab ich alles weg, was ich besaß, wenn ich nur dieses neue Leben und die Freude im Herzen behalten durfte.

Noch eine Sache aus der Vergangenheit warf ihre Schatten auf mein Leben. Ich kehrte nach Pittsburgh zurück und meldete mich beim Bezirksanwalt. Dem Urteilsspruch nach hätte ich noch drei Jahre zu verbüßen gehabt. Ich stand deshalb während dieser Zeit unter Aufsicht und mußte mich in regelmäßigen Abständen melden.

Der Bezirksanwalt empfing mich und bat die Sekretärin um meine Akten. Er warf einen kurzen Blick hinein und sah mich dann verheißungsvoll an.

»Wissen Sie auch, was Sie erhalten haben?« Ich wußte zwar, daß ich inzwischen Jesus bekommen hatte, aber das konnte ja wohl kaum schon in meinen Akten stehen.

»Nein, Sir.«

»Sie haben vom Präsidenten einen Straferlaß bekommen, von Präsident Truman persönlich unterzeichnet! Das bedeutet, daß Sie keinen Eintrag im Strafregister mehr haben. Sie sind jetzt so unbelastet, als ob Sie nie mit dem Gesetz in Konflikt gekommen wären.«

Ich hätte vor Freude am liebsten laut gejubelt. »Und weshalb habe ich das bekommen?«

Der Bezirksanwalt lächelte. »Das hängt mit Ihrem vorbildlichen Einsatz an der Front zusammen.«

Er erklärte mir, daß ich nun vollkommen frei sei und tun und lassen könne, was ich wolle. Mein Fall sei abgeschlossen.

»Sie können sich jetzt auch jederzeit wieder um eine Anstellung beim Staat bewerben; dem steht nichts mehr im Wege.«

»Dank sei dir, Herr Jesus.« Ich war überwältigt. Nicht nur meine Sünden waren abgewaschen und auf Golgatha besiegelt worden, nein, Gott hatte mir auch für mein irdisches Leben die Chance eines Neuanfangs gegeben, indem ich nun in den Augen der amerikanischen Regierung wieder vollkommen makellos dastand. Trotzdem wäre es mir nicht in den Sinn gekommen, mich jemals wieder um eine staatliche Anstellung zu bemühen. Was sollte ich nun tun? Meine Motive für die Ergreifung des Juristenberufes waren ziemlich zweifelhaft gewesen. Es war mir deshalb klar, daß Gott mich nicht in diesem Beruf haben wollte. Da kam mir ein anderer Gedanke, den ich nicht mehr los wurde: ich sollte Diener am Evangelium werden! Ich auf der Kanzel – der Gedanke erschien mir absurd. »Du kennst mich doch, Herr«, argumentierte ich. »Ich liebe das aufregende, abenteuerliche und gefährliche Leben. Ich würde bestimmt keinen guten Prediger abgeben.«

Es schien, daß Gott einen fertigen Plan für mein Leben hatte. Nachts konnte ich nicht schlafen, und je länger ich darüber nachdachte und betete, desto mehr wurde ich von dieser Sache gefesselt. Wenn Gott aus einem ehemaligen Knastschieber, einem Fallschirmjäger, aus einem, der um Geld gespielt und Schwarzmarktgeschäfte getrieben hatte, einen Prediger machen würde, dann wäre das ein größeres Abenteuer als alles, was ich je unternommen hatte.

Ich konnte es kaum erwarten, bis ich es Sadie sagen konnte. Sie sollte zusammen mit anderen Soldatenfrauen mit dem Schiff in New York ankommen. Ich hatte ihr bisher noch nichts von meiner Begegnung mit Jesus Christus geschrieben; dies wollte ich ihr lieber mündlich erklären.

Als ich ankam, hatte das Schiff bereits im Hafen angelegt. Überall um mich her lagen sich Jungs und Mädchen in den Armen, und herzklopfend hielt ich in der Menge Ausschau nach Sadies blondem Haar. Da war sie – plötzlich schien alles verändert – eine Ehe mit Gott war viel mehr, als ich mir damals bei unserer Hochzeit vorgestellt hatte. Ich staunte, wie Gott während der ganzen Zeit seine Hand über meinem Leben gehalten hatte – selbst bei der Wahl meiner Ehegefährtin, obwohl ich damals noch nicht im geringsten daran gedacht hatte, ihn um Rat zu fragen.

Es war schön, ihre Hand wieder in der meinen zu halten. Tausend Dinge gab es, die ich ihr erzählen wollte . . . Aber die wichtigste Neuigkeit platzte zuerst heraus: daß ich ein neuer Mensch war, daß ich nicht mehr der sorglose, leichtfertige, verantwortungslose Kerl war, den sie geheiratet hatte.

»Sadie«, ich sah sie forschend an, »etwas Wunderbares ist in meinem Leben geschehen . . . ich bin Jesus Christus begegnet. Er hat mich verändert, ich bin ein neuer Mensch . . . alles wird jetzt anders.«

Lange schaute sie mich fragend an. »Ich habe mich in dich verliebt, so wie du warst, Merlin«, sagte sie langsam. »Ich möchte dich nicht anders haben.«

Es war, als ob sich von dem Augenblick an eine unsichtbare Schranke zwischen uns geschoben hätte. Meine Welt war eingestürzt. Aber hatte ich nicht kürzlich noch die gleiche Einstellung gehabt? Auch ich hatte den Heiland abgelehnt. »Jesus«, flüsterte ich leise. »Rühre auch meine Frau an.«

Die nächsten Monate waren nicht leicht. Sadie gefiel es kein bißchen, daß sie Predigersfrau werden sollte. Immer wieder sagte sie, sie müsse nach England zurückkehren, wenn ich meine komischen Ideen nicht aufgeben würde.

Unser Verhältnis war auf dem Nullpunkt angelangt. Trotzdem bereitete ich mich weiter auf das Theologiestudium vor; ich betete nur immer, daß Jesus Christus zur rechten Zeit auch in Sadies Leben treten möge.

Ich ließ mich an dem christlichen College in Marion (Indiana) immatrikulieren, und ich muß wohl von allen Studenten am begeistertsten gewesen sein. Sadie ging mit; tapfer ertrug sie meine übersprudelnde Freude an diesem Vorhaben.

Einige Monate später gingen wir in Ferien zu meiner Mutter. Sie unterhielt ein kleines Altenheim, und eine liebe alte Dame, die Witwe eines Methodistenpredigers, schloß Sadie gleich ins Herz.

Eines Nachmittags kam ich nach Hause und fand Sadie im Wohnzimmer in Tränen aufgelöst vor.

»O Merlin«, sagte sie weinend, »ich verstehe jetzt, was es mit diesem Christsein auf sich hat. Ich möchte diesen Weg mit dir gehen.«

Wir knieten zusammen an der Couch nieder.

»Dank sei dir, Jesus«, sagten wir lachend und weinend vor Freude.

Nach den Ferien kehrten wir nach Marion zurück und waren nun beide bestrebt, die Schule zu absolvieren und in einen hauptamtlichen Dienst für Gott zu treten.

Um unsere staatlichen Versorgungsbezüge etwas zu strecken, arbeitete ich sechs Stunden am Tag bei einer Gießerei. Ich wollte das Studium so rasch wie möglich hinter mich bringen und beschaffte mir eine Sondergenehmigung für den Unterricht. Dadurch konnte ich anstelle des wöchentlichen Maximums von 17 Unterrichtsstunden jetzt 21 Stunden absolvieren.

Ich arbeitete von 14 bis 20 Uhr bei der Gießerei, studierte bis 24 Uhr, schlief bis 4 Uhr früh und studierte dann wieder bis 8 Uhr. Dann war es Zeit für den Unterricht.

Am Sonntag bekam ich die erste Gelegenheit zum Predigen – im städtischen Gefängnis. Ich hielt mich am Gitter fest und flehte die Männer an, ihr Leben Christus zu übergeben. Jede Woche folgten Gefangene dem Aufruf und knieten sich nieder. Die Gitterstäbe von der anderen Seite her umklammernd, fanden sie weinend und betend zum Glauben an Jesus Christus.

Wie auf Wolken schwebend kehrte ich am Montagmorgen wieder zur Schule zurück.

Die Samstagabende waren frei. Ich scharte dann immer eine Gruppe Studenten um mich, und gemeinsam hielten wir im Zentrum von Marion, auf den Stufen des Gerichtsgebäudes, Freiversammlungen ab. Zu unserer Freude kamen auch dort Menschen nach vorne, um Christus anzunehmen. Nach der Versammlung zogen wir durch die Straßen und baten die Menschen, Jesus in ihr Leben aufzunehmen.

Nie zuvor hatte ich so viel zu tun gehabt. Trotzdem hatte ich das Gefühl, daß ich für Jesus Christus nie genug tun konnte. Er hatte mein Leben errettet; das mindeste, was ich ihm dafür geben konnte, war meine Zeit.

Ich absolvierte das vierjährige Studium in zweieinhalb Jahren und besuchte anschließend das Ashbury-Seminar in Wilmore (Kentucky). Gott gab uns in der Methodistenkirche einen Bezirk mit vier Gemeinden, in denen ich neben meinem Studium als Vikar dienen durfte. Jede Woche machten wir diese Runde von 320 Kilometern, um die Gemeinden dort zu betreuen. Von jeder dieser Kirchen bekamen wir wöchentlich 5 Dollar, so daß wir an den Wochenenden immer reichlich zu essen hatten.

Da ich meine Zeit bis zur letzten Minute mit Arbeit ausfüllte, war es mir möglich, das dreijährige Studium am Seminar auf zwei Jahre abzukürzen. Endlich hatten wir unser Ziel erreicht: ich war Pastor! Ich hatte so lange und so viel studiert, daß ich zuerst gar nicht recht wußte, wie ich plötzlich damit aufhören sollte. Doch es war soweit, Gott hatte mich zu diesem Dienst berufen. In der Methodistenkirche in Claypool (Indiana) erwartete mich der erste hauptamtliche Dienst. Mit dem ganzen Eifer, den ich aufbringen konnte, stürzte ich mich in die neue Arbeit, und allmählich konnte ich in den drei Gemeinden des Bezirks auch ein Wachstum feststellen. Die Opfergelder nahmen zu, die Besucherzahl wuchs, und auch mein Gehalt erhöhte sich.

Immer mehr junge Leute kamen zu Christus, und die uns anvertraute »Herde« akzeptierte und liebte uns und verzieh uns auch die Fehler und Dummheiten, die wir als junges Prediger-Ehepaar noch ab und zu machten.

Aber immer noch verspürte ich in mir eine wachsende Unruhe. Ich konnte mich eines Gefühls der Leere, des Unausgefülltseins, ja fast sogar der Langeweile nicht erwehren. Immer mehr beschäftigte ich mich in Gedanken mit dem Überwechseln in den Dienst eines Militärgeistlichen. Ich kannte die Soldaten, ich kannte ihre Gedanken und ihre Versuchungen. Wollte Gott, daß ich den Männern in Uniform diente? Ich betete darüber. »Ich gehe, wenn du es haben willst, Herr, aber ich bleibe auch, wenn es dein Wille ist ...«

Allmählich wurde in mir der Zug zum Militärdienst immer stärker.

Im Jahre 1953 meldete ich mich freiwillig als Militärgeistlicher und wurde angenommen. Dies wäre nie möglich gewesen, wenn ich den Straferlaß des Präsidenten nicht gehabt hätte. Gott hatte schon damals gewußt, wohin mein Weg führen würde.

Nachdem ich weitere drei Monate lang ein Seminar für Militärgeistliche besucht hatte, kam ich zur Luftlandetruppe in Fort Campbell (Kentucky).

Bei der ersten Gelegenheit bestieg ich ein Flugzeug und hörte dann wieder die vertrauten Worte: »Fertigmachen! ... Aufstehen! ... Anhaken! ... An die Tür! ... ABSPRINGEN!« Ich war wieder da, wo ich hingehörte!

III

Auf der Suche

Der Dienst als Militärgeistlicher brachte viel Freude und Abwechslung mit sich, war also genau das Richtige für mich. Ich ging mit den Jungs überall hin: ich war bei ihnen zu Lande, in der Luft, stieg mit ihnen auf die Berge, machte Märsche mit, ich setzte mich den gleichen körperlichen Anstrengungen aus. Ich besuchte sie im Quartier, in den Büros, auf dem Übungsplatz und im Kasino – überall hatte ich Gelegenheit, den Männern zu sagen, was Gott in ihrem Leben tun wollte.

Ich genoß jede Minute der physischen Strapazen. Bei einer Spezialausbildung für Tropeneinsatz in Panama lebte ich mit den Jungs im Dschungel und ernährte mich wie sie von wilden Früchten und Beeren. Der dampfende Dschungel forderte rasch seinen Tribut, und einige Kameraden brachen zusammen.

In Fort Campbell hatte ich Gelegenheit, den Pilotenschein zu erwerben, etwas, das ich schon immer gern gemacht hätte. Zusammen mit einem Freund kaufte ich eine alte, schon etwas klapprige Maschine. Das Flugzeug hatte keine Funkeinrichtung; bei schlechter Sicht mußten wir deshalb nach dem Gefühl fliegen. Einmal verlor ich völlig die Orientierung und wurde plötzlich von zwei Armeeflugzeugen verfolgt. Sie gaben mir Anweisung zum Landen, und ich stellte dann fest, daß ich Fort Knox (Kentucky) überflogen hatte. Die Sicherheitspolizei war wütend und teilte mir mit, ich hätte Glück gehabt, daß ich nicht abgeschossen worden sei.

Unsere Maschine kam jäh zum Stehen, als mein Freund dann in einem Maisfeld eine Bruchlandung machte.

Während ich in Fort Bragg (Nordkarolina) stationiert war, ging ich einmal mit der 82. Luftlandedivision in die Dominikanische Republik. Dies war nur eine kleine Polizeiaktion, aber wir verloren dabei 39 Fallschirmjäger.

Wieder in Fort Bragg zurück, betrieb ich weiter die Fallschirm-springerei und erhielt schließlich die begehrte Armeeauszeichnung »Meister im Fallschirmspringen«.

Nach außen hin war jetzt alles in Ordnung. Mein Leben war ausgefüllt und voller Spannung, außerdem tat ich einen Dienst für Gott. Aber vielleicht lag gerade hier das Problem. *Ich* tat einen Dienst für Gott. Ich gab es zwar nicht gerne zu, aber oft war ich richtig verkrampft, wenn ich mit den Männern über die Liebe Gottes sprach. Ich meinte, *ich* müßte sie bekehren, und strengte mich deshalb ungeheuer dabei an.

Dabei war mir stets bewußt, daß in meinem Leben erbärmlich wenig von der Vollkommenheit zu sehen war, nach der ich mich so sehr sehnte. Irgendwie bekam ich sie einfach nie zu fassen.

Als kleiner Junge hatte ich meine Mutter und meine Großmutter oft von der Notwendigkeit eines gereinigten, geheiligten Lebens reden hören. Sie waren Anhänger von Wesley und »Freie Methodisten« und sprachen oft vom »Werk des Heiligen Geistes« im Leben der Gläubigen.

Was dieses »Werk des Heiligen Geistes« auch sein mochte, eins war sicher: ich kannte es nicht. Ich las Bücher über das »tiefere Gebetsleben« und besuchte auch Lagerversammlungen, auf denen über die Kraft Gottes gepredigt wurde.

Ich sah in meinem Leben nicht viel von dieser Kraft und sehnte mich verzweifelt danach. Ich wollte von Gott gebraucht werden. Überall, wo ich hinsah, waren Leute in Not, und ich konnte ihnen das nicht geben, was ihre geistlichen Bedürfnisse gestillt hätte, denn ich besaß es nicht.

Einmal gab mir ein Freund ein Buch über eine östliche Religion. Diese Religion behauptete, eine Methode zu kennen, mittels der man dem menschlichen Herzen die Kraft Gottes erschließen könne. Ich lernte es, mit erhöhten Füßen auf einem Brett zu liegen und stille Meditation zu praktizieren.

Ich las alles, was ich zum Thema übersinnliche Erscheinungen, Hypnose und Spiritismus auftreiben konnte, in der Hoffnung, darin den Schlüssel für das Wirken des Geistes Gottes in meinem Leben zu finden.

Ungefähr in dieser Zeit kam ich nach Korea und hatte dort einen Unfall, bei dem mein Brillenglas zerbrach und einige

Splitter in mein rechtes Auge eindrangen. Ich verlor dadurch 60 Prozent der Sehkraft dieses Auges. Die Hornhaut trug Narben davon, und die Ärzte sagten, ich würde auf diesem Auge nie mehr das volle Sehvermögen erreichen.

Wo war nun die Kraft Gottes? Christus zog einst über diese Erde und heilte die Blinden. Er sagte, seine Nachfolger würden noch Größeres tun.

Zweimal mußte ich mich in Seoul einer Augenoperation unterziehen. Das Resultat war negativ. Ich betete. Alles in mir lehnte sich dagegen auf, einen Gott der Erlösung, der allmächtiger Schöpfer ist und dessen Name ich den Männern auf dem Schlachtfeld im Angesicht des Todes predigte, als einen Gott zu akzeptieren, der nicht die Kraft besitzt, die Kranken gesund zu machen. Aber wo lag der Schlüssel zu diesem Geheimnis? Wie konnte diese Kraft im Menschen freigesetzt werden? Ich mußte es unbedingt erfahren.

Als ich das dritte Mal zur Nachuntersuchung beim Chirurgen nach Seoul flog, erlebte ich im Flugzeug etwas Seltsames. Ich vernahm keine hörbare Stimme, aber in mir hieß es auf einmal ganz deutlich: »Deine Augen werden wieder gesund.« Ich wußte sofort, Gott hatte zu mir gesprochen – genauso klar und deutlich wie an jenem Sonntagabend im Gottesdienst in Pennsylvania.

Der Arzt in Seoul schüttelte den Kopf und sagte: »Es tut mir leid, Herr Pfarrer, aber wir können an dem Auge jetzt nichts mehr machen.« Anstatt niedergeschlagen zu sein, fühlte ich mich recht ermutigt. Gott hatte zu mir gesprochen, und ich vertraute ihm.

Einige Monate später drängte es mich irgendwie, mein Auge nochmals dem Arzt zu zeigen. Nach der Untersuchung schaute er mich erstaunt an. »Das verstehe ich nicht«, sagte er, »aber ihr Auge ist wieder völlig normal.«

Gott hatte eingegriffen! Ich war bewegt und entschlossener denn je, nichts unversucht zu lassen, um mit seiner Kraft in Verbindung zu kommen.

1963 kehrte ich in die Vereinigten Staaten zurück, besuchte nochmals sechs Monate lang das Seminar für Militärgeistliche und wurde dann 1964 nach Fort Bragg (Nordkarolina) versetzt.

Dort setzte ich meine Studien auf dem Gebiet der Hypnose fort und trat mit der von Arthur Ford ins Leben gerufenen »Spiritual Frontiers«-Bewegung in Verbindung. Ich hatte gehört, daß viele Pfarrer dieser Bewegung positiv gegenüberstanden. In Arthur Fords Heim sah ich dann unmittelbare Beweise für die Existenz einer uns völlig fremden und rational nicht erfaßbaren Geistwelt. Ich war fasziniert.

Aber war dies biblisch? Tief in meinem Bewußtsein nagten die Zweifel. Die Geister waren real, darüber bestand kein Zweifel; aber die Bibel spricht davon, daß es auch Geister ungöttlichen Ursprungs gibt, und redet von bösen Geistern unter dem Himmel (Eph. 6). Die Bibel bezeichnet diese Geister als unsere Feinde, als satanische Mächte und ermahnt uns, die Geister zu prüfen, damit wir nicht dem Feind in die Hände fallen. Satan kann nämlich in ganz schlauer Weise das Werk des Heiligen Geistes nachahmen.

Ich schien mir einigermaßen sicher, daß ich mich nicht in eine solche Sackgasse begeben hatte, zumal diese Geister und die Leute, die ich in dieser Bewegung kennengelernt hatte, sehr ehrfürchtig von Christus sprachen. Auch sie anerkannten ihn als den Sohn Gottes und als bedeutenden geistlichen Führer, der viele Wunder gewirkt hatte.

Unser Ziel sei es, so lehrten sie, in allen Dingen Christus gleich zu werden, da wir auch Söhne Gottes seien.

Ich reiste weite Strecken, um Menschen aufzusuchen, die über dieses Thema Bescheid wußten. Ich las noch mehr Bücher über Hypnotismus, sprach mit Ärzten und schrieb sogar an die Kongreßbibliothek. Hier, so empfand ich, lag für mich sterblichen Menschen der Zugang zum Dienst am Mitmenschen.

Ich wußte jedoch nicht, daß ich ganz gefährlichen Boden betreten hatte, denn nach und nach betrachtete ich Jesus Christus als einen Menschen, der fast so war wie ich. Ich meinte, wenn ich mich nur genügend anstrengen würde, könnte ich so werden wie er.

Ich hatte die Macht des Feindes sehr unterschätzt. Damals wußte ich es noch nicht, aber die Hypnose kann geistlich außerordentlich gefährlich werden; wer sich ihr ausliefert, öffnet sich den Einflüssen der Dämonie.

O ja, ich war auf einen Trick hereingefallen. Ich stellte mir Satan als einen bösen Kerl mit Klumpfuß und Hörnern vor, so wie er in der Phantasiewelt vieler Menschen existiert, und ein solches Wesen konnte doch für den hochgebildeten Menschen des 20. Jahrhunderts keine Gefahr mehr darstellen.

C. S. Lewis sagte einmal, Satans schlauester Trick sei es, die Welt von seiner Nichtexistenz zu überzeugen.

Mein Glaube war bereits schwer angeschlagen und wurde in gefährlicher Weise unterhöhlt, obwohl ich es gar nicht wußte. Die Veränderung war fast unmerklich vor sich gegangen. Vielleicht hatte ich die kaum erkennbare Grenze in dem Moment überschritten, als ich von Jesus als großem Lehrer und Wundertäter sprach, es aber unterließ, ihn als den zu bekennen, der am Kreuz für uns starb und dessen Blut uns von aller Sünde reinigt.

Auch zu Jesu Lebzeiten zitierte der Teufel Schriftstellen. Er tut es immer noch und kümmert sich im Grund auch nicht darum, wenn wir es tun. Hauptsache, wir lassen das Kreuz, das Blut und den auferstandenen Jesus unerwähnt.

Paulus redet in seinem Brief an die Kolosser (Kap. 1, 27) vom Geheimnis des christlichen Lebens. Das Geheimnis ist Christus *in* uns. Es geht nicht darum, daß wir werden wie er, sondern daß er in uns lebt und uns von innen her verwandelt. Andere mögen uns anschauen und sagen, daß wir christusähnlich sind. Dies ist aber nicht deshalb so, weil wir würdiger, heiliger, geistlicher oder reiner wären, sondern weil er in uns lebt. Das ist das Geheimnis.

Die fast unmerkliche Gefahr der sogenannten »Christlichen Spiritistenbewegung« oder der »Spiritual Frontiers« ist folgende: die Lehre dieser Bewegungen führt dazu, daß Menschen Christus nachahmen und sich selbst in den Besitz geistlicher Kräfte bringen wollen. Damit begehen sie die eigentliche Sünde Satans und der gefallenen Engel, die darin bestand, daß sie sein wollten wie Gott selbst.

Ohne Christus als Erlöser, ohne das Kreuz, gäbe es keinen Heilsplan, keinen Weg zur Sündenvergebung. Es gäbe in der Tat überhaupt kein Evangelium.

Meine Motive waren zwar rein. Ich war aufrichtig auf der Suche nach Kraft, um anderen bei der Überwindung ihrer Probleme und ihrer körperlichen und seelischen Krankheiten zu helfen. Trotzdem war ich in diese Falle gegangen.

Es erforderte ein Eingreifen Gottes, um mir die Augen zu öffnen und mich meine Fehler einsehen zu lassen.

IV

Werdet voll Geistes

Seit geraumer Zeit besuchte ich in der Nähe von Fort Bragg eine kleine Gebetsstunde, die jede Woche einmal stattfand. Als ich eines Abends wieder an dieser Gebetsstunde teilnahm, fiel mir auf, daß Ruth – ein Mitglied dieser Gruppe – innerlich sichtlich bewegt war. Ich hatte sie schon seit einigen Wochen beobachtet und oft gedacht, wenn ich sie nur einmal fragen könnte, woher sie diese überströmende Freude in ihrem Leben habe. Wie nur wenige von den andern hatte sie ständig eine Freude, die ich in meinem Leben nicht kannte.

An diesem gewissen Abend vertraute mir Ruth etwas an, was mich schockierte: »Ich hatte heute einen solchen Segen, daß ich beinahe in Zungen gebetet hätte.«

»Wie bitte?« Ich war entsetzt.

»Ich hätte beinahe in Zungen gebetet«, wiederholte sie strahlend.

Ich sprach jetzt etwas leiser und sah mich ängstlich um, ob uns auch niemand zuhörte. »Ruth, du hättest ja unsere ganze Gebetsstunde ruinieren können. Was hast du bloß für komische Anwandlungen?«

Ruth mußte herzlich lachen. »Oh, ich bete immer in Zungen, seitdem ich die Taufe im Heiligen Geist empfangen habe.«

»Was ist denn das?« Ich hatte diesen Ausdruck noch nie zuvor gehört.

Ruth erklärte mir dann mit viel Geduld, daß es sich um das gleiche Erlebnis handele, das auch die Jünger an Pfingsten gemacht hätten. »Ich habe mein Pfingsten ganz persönlich erlebt«, sagte sie und strahlte übers ganze Gesicht.

»Ich hatte geglaubt, du seist Mitglied der Baptistenkirche.« Ich war ganz durcheinander.

»Das bin ich auch. Gott wirkt jetzt unter den Christen aller Konfessionen.«

Ich hatte Gerüchte gehört, wonach viele Kirchen von einer emotionellen Welle erfaßt worden seien. Es hieß, gewisse Dinge würden zum Steckenpferd erhoben, und die Leute würden dadurch den Glauben an Christus verlieren. Ich hatte einiges darüber gehört, daß Pfingstler »vom Geist berauscht« seien (was das bedeuten sollte, wußte ich nicht) und wilde Orgien abhielten. Mir war klar: Ruth brauchte dringend Hilfe.

Ich legte meine Hand auf ihren Arm. »Sei bloß vorsichtig, Ruth«, sagte ich tiefernst. »Du spielst mit dem Feuer; ich werde für dich beten, und wenn du Hilfe brauchst, dann rufe mich an.« Ruth lächelte und gab mir die Hand. »Besten Dank, Merlin. Ich verstehe deine Besorgnis.«

Einige Zeit später rief sie mich an.

»Merlin, eine Gruppe, die sich ›Camp Farthest Out‹ nennt, hält in Morehead City eine Freizeit ab. Wir möchten, daß du auch mitkommst.« Ich hatte das eigenartige Gefühl, daß es sich um eine Sache handelte, der ich lieber fernbleiben sollte. Aber um den Takt zu wahren, erwiderte ich, wenn ich könnte, würde ich gehen – was in Wirklichkeit bedeutete, daß ich nicht konnte.

In den nächsten Wochen wurde ich von den verschiedensten Personen angerufen. Ein Geschäftsmann erinnerte mich daran, daß er meine Golfschläger brauche; eine Dame aus Raleigh sagte mir, sie habe veranlaßt, daß meine sämtlichen Reiseunkosten bezahlt würden, wenn ich ginge. Noch jemand rief an und sagte, ich könne einen weiteren Prediger kostenlos mitbringen. Das war zuviel. Wie konnte ich so viel echtem Interesse an meinem geistlichen Wohlergehen widerstehen! Ich sagte zu.

Als nächstes setzte ich mich mit einem befreundeten Prediger der Presbyterianischen Kirche in Verbindung und lud ihn ein. Aber er wollte nicht recht.

»Reise und Aufenthalt in einem Ferienhotel werden voll bezahlt.«

»Gut, ich komme mit.«

Unterwegs fragte mich Dick: »Merlin, weshalb gehen wir eigentlich?«

»Ich weiß es auch nicht«, antwortete ich, »aber es kostet ja nichts, also machen wir's mal mit.«

Im Foyer des Hotels wurden wir so nett und herzlich empfangen – und das von Menschen, die uns noch nie gesehen hatten –, daß ich mich langsam fragte, mit was für sonderbaren Leuten wir uns da eigentlich eingelassen hatten.

Gottesdienste, wie sie hier stattfanden, hatten wir noch nie miterlebt. Die Leute sangen mit ungehinderter Freude, klatschten in die Hände und hielten beim Singen sogar die Hände hoch.

Dick und mir wurde es recht ungemütlich; doch in einem Punkt waren wir uns einig: eine Freude war hier zu spüren, die wir noch nicht besaßen.

Eine sehr gepflegte, vornehme Dame kam öfter zu uns her und fragte: »Ist schon etwas geschehen?«

»Nein, wovon reden Sie denn?« gaben wir zur Antwort.

»Sie werden schon sehen«, erwiderte sie dann jedesmal.

Ruth und einige der andern, die uns eingeladen hatten, sprachen uns an und sagten, wir müßten unbedingt in die persönliche Aussprache zu einer gewissen Dame, die eine ungewöhnliche Kraft besitze.

Sie machten uns mit dieser Dame bekannt, und ich empfand sofort eine Abneigung gegen sie. Sie zitierte Schriftstellen in einer Art und Weise, daß ich das Gefühl bekam, sie versuche mich zu bekehren. Ich hatte es nicht gern, wenn mir jemand Bibelverse zitierte, und schon gar nicht, wenn dies eine Frau tat.

Aber unsere Freunde bestanden darauf, daß wir mit ihr sprachen, und da sie uns die Reise bezahlt hatten, empfand ich es als meine Pflicht, ihrer Bitte nachzukommen.

Geduldig saßen wir da und hörten zu, als sie uns erzählte, was Gott in ihrem Leben und im Leben ihrer Bekannten getan habe. Immer wieder erwähnte sie die »Taufe im Heiligen Geist« und zeigte uns anhand von Schriftstellen, daß dieses Erlebnis für die ersten Christen eine Selbstverständlichkeit gewesen sei.

»In vielen Menschen bewirkt der Heilige Geist heute noch dasselbe«, sagte sie. »Jesus Christus tauft auch heute die Gläubigen mit Geist und Feuer – so wie er es einst an Pfingsten tat.«

Mich durchfuhr der Gedanke: Wäre es möglich, daß auch ich persönlich ein Pfingsten erleben könnte? Könnte vielleicht auch ich Feuerzungen sehen, das Brausen des gewaltigen Windes hören und in einer unbekannten Sprache sprechen?

Sie schwieg und sah uns an.

»Ich möchte gerne mit Ihnen beten«, sagte sie, »damit Sie die Taufe im Heiligen Geist empfangen.«

Ohne Zögern sagte ich: »Gut.«

Sie legte mir die Hände auf und begann leise mit mir zu beten. Ich wartete darauf, daß etwas Besonderes geschehen würde, aber es geschah nichts. Ich spürte überhaupt nichts.

Dann legte sie Dick die Hände auf. Als sie ihr Gebet beendet hatte, schaute ich ihn an, und er schaute mich an. Ich konnte es ihm am Gesicht ablesen, daß auch er nichts gespürt hatte. Das Ganze war wohl doch nur ein Schwindel.

Die Dame sah uns beide freundlich an.

»Sie haben noch nichts gespürt, nicht wahr?«

Wir schüttelten den Kopf: »Nein.«

»Ich werde jetzt in einer Sprache mit Ihnen beten, die Sie nicht verstehen. Während ich bete, werden auch Sie eine neue Sprache bekommen.«

Wieder legte sie mir die Hände auf. Ich spürte nichts, sah nichts, hörte nichts. Als sie mit Beten fertig war, fragte sie mich, ob ich in mir Worte hören oder spüren könne, die ich nicht verstünde. Ich dachte einen Augenblick nach; auf einmal wurde mir bewußt, daß in meinen Gedanken Worte waren, die aber keinen Sinn hatten. Ich war überzeugt, daß diese seltsamen Worte ganz und gar ein Produkt meiner eigenen Phantasie waren. Und ich sagte ihr dies auch.

»Wenn Sie diese Worte aussprechen würden, kämen Sie sich doch wie ein Narr vor, nicht wahr?« fragte sie mich.

»Gewiß.«

»Wären Sie willig, um Christi willen ein Narr zu sein?« Mit einem Mal sah ich die Dinge in einem ganz anderen Licht. Natürlich wollte ich für Christus alles tun; wenn ich aber solch wilden Unsinn laut aussprechen würde, könnte das ja meine ganze Zukunft ruinieren. Ich konnte mir denken, daß all die Leute nachher erzählen würden, der methodistische Militärgeistliche habe in einer unbekannten Sprache gesprochen. Vielleicht müßte ich sogar das Dienstverhältnis bei der Armee lösen! Aber wenn Christus das von mir forderte? Plötzlich war mir meine Laufbahn bei der Armee gar nicht mehr so wichtig. Zögernd fing ich an, die Worte laut auszusprechen, die sich in meinen Gedanken formten.

Ich *spürte* aber immer noch nichts Besonderes. Ich glaubte zwar, daß Jesus Christus mir eine neue Sprache gegeben hatte, als Zeichen dafür, daß er mich im Heiligen Geist getauft hatte, aber die Jünger an Pfingsten hatten sich doch wie Betrunkene benommen. Offensichtlich mußten sie ein starkes emotionelles Erlebnis gehabt haben.

Ich schaute zu Dick hinüber; er schien das gleiche erlebt zu haben wie ich. Er sprach Worte in einer unbekannten Sprache und schien an ihre Echtheit zu glauben. Aber auch bei ihm war keine gefühlsmäßige Reaktion festzustellen.

»Ihr Erlebnis basiert auf einem Glaubensakt, nicht auf Gefühlen«, sagte die Dame, die uns offensichtlich ansah, was wir dachten.

Ich war tief in Gedanken versunken – ich *fühlte* mich zwar nicht anders, aber *war* ich denn anders? Ich sah hoch; soeben war mir eine erstaunliche Erkenntnis gekommen.

»Ich *weiß,* daß Jesus Christus lebt!« sagte ich. »Ich glaube es nicht nur, ICH WEISS ES!«

Natürlich! Der Heilige Geist zeugt von Jesus, sagt die Bibel. Jetzt hatte ich das als Tatsache erkannt. Das war die Quelle der Vollmacht, die die Jünger nach Pfingsten hatten. Sie erinnerten sich nicht nur an einen Menschen, der einmal gelebt hatte, gestorben und dann auferstanden war, sie kannten ihn jetzt auch als den Gegenwärtigen, denn er hatte sie erfüllt mit seinem Heiligen Geist, dessen Hauptaufgabe es war, Jesus Christus zu bezeugen.

Blitzartig erkannte ich jetzt meine Schuld, die ich in den vergangenen Jahren auf mich geladen hatte, nicht nur ich, sondern Scharen sogenannter Christen hinter Kanzeln und auf Kirchenbänken, die die Botschaft vom Kreuz und die zentrale Position von Jesus Christus abschwächten.

Und als ich so die Menge meiner Sünde sah, erkannte ich auch in seiner ganzen Erhabenheit Jesus Christus als meinen Erlöser. Ich sah ihn so, wie ich ihn mir eigentlich tief im Herzen immer vorgestellt hatte. Die nagenden Zweifel wurden mit einem Mal von einer Welle freudiger Gewißheit fortgespült. Es war herrlich! Niemals mehr würde ich bezweifeln können, daß Jesus Christus so ist, wie ihn die Heilige Schrift beschreibt. Nie wieder würde ich diese Torheit begehen können und ihn lediglich für einen guten Menschen halten, dessen Vorbild man nacheifern sollte.

Welch wunderbare Wahrheit: Jesus Christus lebt in uns, seine Kraft wirkt durch uns; er ist der Weinstock, und sein Leben pulsiert durch uns.

Ohne ihn sind wir nichts und vermögen nichts aus eigener Kraft.

»Dank sei dir, Jesus.« Mit diesen Worten stand ich auf, und als ich mich ganz aufgerichtet hatte, kam etwas über mich. Ganz plötzlich wurde ich mit einem Gefühl der Wärme und der Liebe zu allen Anwesenden erfüllt und durchflutet.

Es muß gleichzeitig auch über Dick gekommen sein, denn ich sah aus seinen Augen die Tränen quellen. Ohne ein Wort zu wechseln, nahmen wir uns gegenseitig in die Arme und lachten und weinten zur gleichen Zeit.

Ich schaute die freundliche Dame an, über die ich mich noch vor wenigen Minuten so sehr geärgert hatte, und merkte auf einmal, daß ich sie jetzt mochte. Sie war ja meine Schwester in Christus! An jenem Abend beteten Dick und ich in einem der vielen Räume. Die Leute kamen herein und beteten mit, und bald war der Raum voll. Während wir beteten, empfingen auch andere den Heiligen Geist. Freudenrufe drangen durchs Hotel, und Menschen erlebten die Fülle der Gegenwart Christi.

Um 2 Uhr früh gingen Dick und ich dann schließlich zu Bett. Aber an Schlafen war nicht zu denken, die Freude in uns war viel zu groß.

Ich sagte: »Dick, komm wir stehen auf und beten weiter.« Wir beteten noch zwei Stunden, dachten dabei an alle, die wir kannten, und priesen Gott für seine Güte.

V

Seine Kraft in uns

Ich kehrte nach Fort Bragg zurück mit dem großen Verlangen, jedermann von dem herrlichen Erlebnis zu erzählen, das ich gemacht hatte. Anfangs hatte ich mich gefragt, wie sich eine solche Erfahrung wohl auf meinen Dienst als Geistlicher auswirken würde. Nur zu gut war mir noch meine eigene Reaktion auf die »pfingstlichen Gefühlsausbrüche« im Gottesdienst in Erinnerung.

Heute wußte ich – wie auch immer die Reaktion sein würde –, daß ich mein Erlebnis nicht für mich behalten konnte.

Gleich am ersten Tag ging ich in die Schreibstube der Stabskompanie. Der Oberfeldwebel saß hinter seinem Schreibtisch. Er war ein kräftig gebauter, rauher Kerl und für seine barsche Art allgemein bekannt.

»Herr Oberfeldwebel«, sagte ich, »habe ich Ihnen eigentlich schon einmal gesagt, daß Jesus Sie liebt?«

Zu meinem Erstaunen liefen ihm bei dieser Frage die Tränen über die Wangen.

Er antwortete: »Nein, Herr Pfarrer, das haben Sie mir noch nie gesagt.«

Ich spürte, wie ich vor Scham errötete. Über ein Jahr lang hatte ich ihn mehrmals am Tage gesehen, hatte ihm aber nie etwas von Jesus erzählt.

Dann trat ich hinaus auf den Korridor. Dort begegnete mir der Feldwebel von der Proviantabteilung.

»Herr Feldwebel, habe ich Ihnen schon einmal gesagt, daß Jesus Sie liebt und daß auch ich Sie liebe?«

»Nein, Sir, das haben Sie mir noch nie erzählt.« Wieder empfand ich mein Versagen, und er fragte: »Sir, haben Sie einen Augenblick Zeit?« Wir gingen zusammen in mein Büro. Dort entleerte er sein Herz und sagte mir all die vielen Probleme, die er auf dem Herzen und von denen ich nichts geahnt hatte. Als er fertig war, fragte ich ihn, ob er nicht Christus als seinen Erlöser annehmen wolle. Er war gleich dazu bereit und kniete mit tränenüberströmtem Gesicht nieder.

Überall, wo ich hinkam, nahmen Soldaten Jesus als Erlöser an. Es war, als ob in mir eine Kraft wirkte und mir die Worte in den Mund legte. Wenn ich anfing, mit jemandem zu reden, hatte ich noch keine Ahnung, was ich zu dem Betreffenden sagen würde. Die Worte, die ich dann aussprach, hatten eine wunderbare Kraft, durch welche die Menschen zu Christus gezogen wurden.

Auf diese Weise war es leicht, Gott zu dienen. Die frühere Verkrampfung war gewichen, ich konnte nun freudig den Herrn bezeugen. Das Predigen war jetzt keine Schwerarbeit mehr. Ich hatte meine helle Freude daran, wenn ich erlebte, wie seine Gedanken sich durch mich entfalteten.

Einmal monatlich fand für das gesamte Militärpersonal ein Unterricht in sozialem Verhalten statt. Wir Militärgeistlichen hatten diese Kurse durchzuführen, durften dabei aber nicht predigen. So vorsichtig wie möglich sagte ich der Klasse eines Tages, daß der Gott unserer Väter noch lebe und täglich Gebete erhöre. Nach der Stunde kam einer der Landser auf mich zu. Er trat dicht an mich heran und fragte ziemlich überheblich: »Glauben Sie wirklich das Zeug, das Sie da erzählen?«

»Ja, das glaube ich«, erwiderte ich.

»Sie wollen also damit sagen, daß Gott Sie auf der Stelle erhören würde, wenn Sie zu ihm beteten?«

»Aber natürlich«, antwortete ich, »ich weiß, daß er mein Gebet erhört.«

»Halten Sie Rauchen für eine Sünde?«

Diese Frage kam recht unerwartet. »Für manche mag es Sünde sein, für andere wieder nicht«, gab ich zur Antwort.

»Ich rauche seit meinem 14. Lebensjahr«, sagte der junge Mann. »Ich rauche drei Schachteln täglich, und der Arzt sagte mir heute morgen, wenn ich nicht damit aufhöre, würde ich mir mein eigenes Grab schaufeln.«

Ich erwiderte: »In Ihrem Fall besteht natürlich kein Zweifel; für Sie ist das Rauchen Sünde.«

»Dann bitten Sie Ihren Gott, daß er macht, daß ich damit aufhöre.«

Wie konnte ich so beten? Die üblichen passenden Antworten schwirrten mir durch den Kopf: Gott hilft denen, die sich selbst helfen. Er solle beten, daß Gott ihm helfen möge, das Rauchen aufzugeben. Aber darum hatte er ja nicht gebeten.

»Gott«, betete ich im stillen, »zeige mir, was ich tun soll.«

Sofort hatte ich das starke Empfinden: »Bete in deiner neuen Sprache!«

»Laut in Zungen beten?«

»Nein, nein, im stillen.«

Ich fing also an, in der Sprache zu beten, die ich bei jener Tagung empfangen hatte. Dann hielt ich inne.

In mir hieß es: »Lege deine Hand auf seine Schulter und bete.« Gehorsam legte ich meine Hand auf seine Schulter. »Was soll ich nun beten?«

»Bete still in deiner neuen Sprache.« Das tat ich. Dann hieß es: »Übersetze es ins Englische.«

Ohne nachzudenken, öffnete ich den Mund und heraus kamen folgende Worte: »Gott, laß ihn nie wieder rauchen.«

Welch ein Gebet! Wenn nun dieser Mann noch einmal in seinem Leben rauchen würde, dann wäre er überzeugt, daß Gott keine Gebete erhört. Ich war vollkommen durcheinander, drehte mich auf dem Absatz um und ging. In den folgenden Tagen fragte ich Gott wiederholt, ob ich ihn wohl mißverstanden hätte. Würde meines Fehlers wegen dieser Mann nicht glauben können? Aber immer wieder hieß es in mir: »Vertraue mir nur.«

Gott zu vertrauen bedeutete offenbar, sich in nacktem Glauben in eine heikle Situation zu begeben. Mit neuem Eifer studierte ich Gottes Wort. Wenn ich schon im Glauben handeln sollte, dann aus einem Glauben heraus, der dem Wesen Gottes entsprach. Ich wollte Gott noch besser kennenlernen, und ich stellte fest: je mehr ich las, desto stärker wurde mein Glaube. Noch nie zuvor war das Bibellesen für mich so interessant und spannend gewesen. Ich empfing dadurch eine neue Erkenntnis von dem allmächtigen Gott, der verheißen hat, daß wir durch Christus alles vermögen und daß seine Kraft in uns dieselbe ist, mit der er Christus von den Toten auferweckte.

In Epheser 3, 20–21 schrieb Paulus: »Gott kann unendlich viel mehr tun, als wir jemals von ihm erbitten oder uns auch nur ausdenken können. So mächtig ist die Kraft, mit der er in uns wirkt. Ihm sei Lob in der Gemeinde und durch Jesus Christus für alle Zeiten! Amen« (Die Gute Nachricht).

Gründlich studierte ich die Anweisungen, die Paulus der Gemeinde von Korinth gab. Er führte die verschiedenen Dienste an, die der Heilige Geist durch den Menschen bewirkt: Zungenreden, Auslegung der Zungen, Heilung, Wunder, Weissagung, Verkündigung, Weisheit, Erkenntnis, Glaube, Geisterunterscheidung.

Woher konnte ich wissen, welche »Gaben« Gott durch mich betätigen wollte? Hatte er mir überhaupt besondere Gaben gegeben?

Wieder kam mir der Vers aus dem Epheserbrief in den Sinn: »So mächtig ist die Kraft, mit der ER in uns wirkt.« Nein, ich besaß keine dieser Gaben. Ich konnte nur eines tun: ich konnte mich Gott bereitwillig zur Verfügung stellen, damit er durch mich wirken konnte.

Mit anderen Worten: meine Aufgabe war es, den inneren Eindrücken und Empfindungen gehorsam zu sein. In dieser Schriftstelle hieß es auch, daß er unendlich viel mehr tun kann, als wir von ihm erbitten oder uns ausdenken können. In der Tat gab es für mich keine Möglichkeit, zu wissen oder zu ahnen, was Gott tun wollte.

In unserem Gebetskreis sprach ich eines Abends darüber, daß Gott auch die Kraft hat, kranke Leiber zu heilen. Eine Frau meldete sich zu Wort. »Bitten Sie doch jetzt Gott darum, daß er die Kranken unter uns heile.«

Ich fühlte mich etwas unsicher. Natürlich wußte ich, Gott konnte und wollte das Gebet für die Kranken erhören. Aber würde er auch mich hören und erhören?

»Gut«, sagte ich und spürte auf einmal Glaubensmut. »Für wen darf ich beten?«

»Für mich«, sagte dieselbe Frau. »Mein Auge tränt schon seit mehreren Monaten. Medikamente haben mir nicht geholfen.«

Ich hielt den Atem an, legte ihr die Hände auf und betete. Ich mußte meinen ganzen Glauben zusammennehmen, um zu erwarten, daß Gott sie auf der Stelle heilen würde. Als ich gebetet hatte, tränte ihr Auge noch immer. Hatte ich etwas falsch gemacht? Wieder hieß es in mir: »Vertraue mir.« Nun gut, Glauben heißt ja, etwas glauben, was man nicht sieht. All die biblischen Geschichten, die ich gelesen hatte, hatten mir gezeigt, daß Sieg oder Niederlage mit dem Glauben zusammenhängen. Gott konnte nichts wirken, als die Israeliten sich weigerten, ihm zu glauben. Die Verheißungen sind in der Bibel in reichem Maße vorhanden, sie gelten aber nur denen, die glauben und völlig vertrauen.

»Ich danke dir, Herr«, sagte ich nun laut, »daß du unser Gebet erhört hast.«

In jener Nacht rief mich diese Frau an. »Herr Pfarrer, wissen Sie, was passiert ist?« Ihre Stimme klang ganz erregt.

»Nein, erzählen Sie.«

»Ich saß da und las. Plötzlich merkte ich, daß sich an meinem Auge etwas verändert hatte. Es ist vollständig geheilt.«

Ich war hocherfreut. »Ich danke dir, Herr«, sagte ich. »Langsam komme ich dahinter, wie du es machst. Ich muß vertrauen, und du tust das übrige.«

Ein presbyterianischer Pastor am Ort war mit dem Heiligen Geist erfüllt worden, hatte es aber bisher seiner Gemeinde noch verschwiegen. Er lud eine Frau unseres Gebetskreises ein, an einem Sonntagabend im Gottesdienst ein Zeugnis zu geben. Einige aus unserer Gruppe gingen mit, um sie durch Gebet zu unterstützen.

Als sie nun erzählte, wie sie als Baptistin im Heiligen Geist getauft worden sei, war es in der ganzen Kirche mäuschenstill. Man konnte spüren, daß Gott zu den Menschen sprach. Am Schluß des Gottesdienstes rief mich der Pastor auf und bat mich, den Segen zu sprechen. Ich erhob mich, aber statt den Segen zu sprechen, sagte ich die ersten besten Worte, die mir in den Sinn kamen: »Wer zum Altar kommen und sein Leben Gott übergeben möchte, kann das jetzt tun.«

Totenstille. Solange diese Kirche bestand, hatte es darin noch nie einen solchen Aufruf gegeben. Aber dann kamen sie, einer nach dem andern, und fielen am Altar auf ihre Knie.

Ich ging zum ersten hin. Ich wußte nicht, was ich beten sollte.

42

Ich wußte auch nicht, weshalb dieser Mann nach vorne gekommen war. Ich neigte mein Haupt und betete still: »Zeige mir, Herr, was ich beten soll.« Ich hörte die Worte: »Bete im Geist.« Still betete ich in meiner neuen Sprache.

»Jetzt übersetze das, was du gesagt hast.«

»Herr, vergib diesem Mann seine Trunksucht und seine Unehrlichkeit im Geschäft.« Ich erschrak über meine eigenen Worte. Wie, wenn ich Gott mißverstanden hätte? Ich hätte in der Tat meinem Amtsbruder ordentlich »den Brei verdorben«.

Ich ging auf die nächste Person zu und handelte in derselben Weise. »Herr, vergib diesem Mann seine schlechten Launen, seine häßlichen Neigungen und daß er seine Familie so selbstsüchtig behandelt.«

So ging ich von einem zum andern, legte ihnen die Hände auf und betete so, wie ich geführt wurde: Gebete der Buße und des Bekennens.

Als ich fertig war, wußte ich, daß ich mich in der Tat im völligen Vertrauen in eine gefährliche Situation begeben hatte.

Nach dem Schlußsegen kamen die Leute, einer nach dem andern, zu mir. Unter Freudentränen sagten sie: »Sie haben genau für das gebetet, was mir fehlt. Aber woher wußten Sie denn, was für ein Problem ich hatte?«

Einige Tage später sagte mir der Pastor, die ganze Gemeinde sei revolutioniert worden. Viele derer, die an jenem Abend nach vorne gekommen waren, waren Älteste und andere Amtsträger in der Gemeinde. Jetzt war die ganze Gemeinde voll Enthusiasmus, Eifer und Freude.

Ich hätte am liebsten laut gejubelt. Ich hatte die Probleme dieser Männer und Frauen in der Gemeinde nicht gekannt, doch Gott kannte sie. Er kennt uns durch und durch, und er kann in einer Kraft zu uns reden, die uns genau dort trifft, wo es uns fehlt. Wenn die Menschen darauf eingehen, ist das nicht unser Verdienst, sondern Gottes Werk. Wenn sie es ablehnen, trifft uns keine Schuld.

Wo ich auch hinging, Tag für Tag war es das gleiche. Die Menschen gingen auf das Angebot Christi ein. Wenn ich einmal in meine frühere Gewohnheit verfiel und mir vorher überlegte, was ich zu den einzelnen sagen würde, hatte dies immer unmittelbare

Folgen. Ich wurde verkrampft, und die Kraft und Gegenwart Gottes waren einfach nicht vorhanden. Es war wichtig, daß ich mich selbst aufgab und Gott Raum ließ. Ich brauchte nur in der Gegenwart Gottes zu ruhen, meinen Verstand auszuschalten und im Glauben den Mund aufzutun, um das auszusprechen, was Gott mir eingab. Bezogen sich diese Worte auf eine ganz bestimmte Not, dann wurde der betreffenden Person auch immer wunderbar geholfen.

Ich konnte nur staunen. Seit vielen Jahren war ich Pastor und hatte mich in meinem Dienst wirklich aufgeopfert; trotzdem war nie so viel Wunderbares im Leben der einzelnen geschehen wie in dieser kurzen Zeit, seitdem Jesus Christus mit der Fülle seines Geistes in mein Leben getreten war.

Hatte ich vorher ständig unter Druck gestanden, geplant, organisiert, studiert und Predigtkonzepte entworfen, so fand ich jetzt viel mehr Zeit zum Bibellesen und Gebet. Ich besaß plötzlich viel mehr Energie als zuvor und machte nie mehr die entmutigende Erfahrung, daß ich Zeit verschwendete für Projekte, die sich am Ende dann doch als nutzlos erwiesen.

Solange ich in Christus ruhte, hatte jedes kleine Detail, jeder Auftrag, jedes Ereignis seinen zugeordneten Platz, und alle zusammen bildeten ein vollkommenes Ganzes. Es passierte mir jetzt auch nicht mehr wie früher, daß mein Terminkalender völlig durcheinandergeriet. Ich bedauerte nur eines: daß ich nicht schon vor vielen Jahren dieses Geheimnis entdeckt hatte, mich Gott völlig auszuliefern. Gehorsam bedeutete manchmal, daß ich entgegen dem ausdrücklichen Wunsch der Leute handeln mußte, die von mir Hilfe haben wollten.

Ein junger Leutnant brachte seine Frau zu mir. »Sie möchte die Geistestaufe empfangen«, sagte er.

Ich hatte dabei ein ganz ungewöhnliches Empfinden. Mir wurde plötzlich klar, daß die junge Frau dieses Erlebnis bereits gemacht hatte. Obwohl sie noch kein Wort gesagt hatte, wußte ich es.

Ich sagte: »Sie haben doch bereits die Geistestaufe empfangen, ich brauche nicht mehr mit Ihnen zu beten.«

»Woher wissen Sie denn das?« fragte sie überrascht. »Seitdem ich mit mir beten ließ, habe ich ein solch großes Verlangen nach diesem Erlebnis und habe versucht, daran zu glauben.«

44

»Ich weiß es, weil der Heilige Geist es mir gesagt hat«, erwiderte ich. »Er hat mir auch gesagt, daß Sie, noch ehe Sie hier aufstehen werden, das Zeichen des Zungenredens bekommen werden.« *Hast du jetzt nicht zuviel versprochen?* dachte ich. Wenn nun nichts geschehen würde? Dann würde ihr Glaube gewaltig erschüttert werden. Doch ich besaß die Gewißheit. Ich forderte sie beide auf, mit mir zu beten und Gott für das zu danken, was er bereits getan hatte.

Noch ehe ich zu Ende war, hörte ich sie ganz leise in einer neuen Sprache beten.

Eines Tages kam ein junger Landser in mein Büro. Sofort erkannte ich ihn als den jungen Mann, für den ich das Gebet: »Herr, laß ihn nie mehr rauchen« gesprochen hatte. Er strahlte übers ganze Gesicht.

»Sir«, sprudelte er hervor, »Sie werden nicht glauben, was mit mir geschah, nachdem Sie weggegangen waren.«

Ich hatte im vergangenen Monat so viele erstaunliche Dinge erlebt, daß ich nichts mehr für unmöglich hielt.

»Doch, ich glaube es«, erwiderte ich. »Erzählen Sie.«

»Als Sie sich damals umwandten und gingen, lachte ich und dachte: *das ist eine glatte Rechnung. Ich brauche nur zu rauchen und werde damit beweisen, daß Gott eben keine Gebete erhört.* Ich ging aufs Klosett und zündete mir eine Zigarette an. Dann nahm ich einen tiefen Zug, mußte mich aber sofort übergeben. Ich dachte, das wäre Zufall, vielleicht hätte ich etwas Schlechtes gegessen. Deshalb versuchte ich an jenem Nachmittag noch einmal eine Zigarette zu rauchen. Es passierte wieder das gleiche. So ging es während der nächsten drei Tage. Jedesmal, wenn ich rauchen wollte, mußte ich mich erbrechen. Jetzt wird mir schon übel, wenn ich bloß an eine Zigarette denke.«

Ich war überglücklich. Jesus Christus hatte verheißen, daß der Heilige Geist uns in alle Wahrheit führen wird. Ich hatte also seine Anweisungen doch nicht falsch verstanden.

Einige Tage später kam der junge Mann wieder zu mir.

»Sir, würden Sie noch ein einziges Mal mit mir beten?«

»Aber gerne.«

»Bitte beten Sie doch, daß Gott mir meine Sünden vergibt und daß ich Christus als meinen Heiland annehmen kann.«

Kurz darauf lagen wir beide auf den Knien, und der junge Soldat nahm voll Freude den Heiland an.

Einige Monate später erzählte ich dieses Erlebnis in der Baptistenkirche in Columbus (Georgia). Nach dem Gottesdienst kam ein Mann auf mich zu und sagte: »Ich gehörte damals zur Admin-Kompanie der 82. Luftlandedivision, als das passierte. Dieser Mann hat der ganzen Kompanie von jenem Pfarrer erzählt, der ihm so zugesetzt habe, daß er nicht mehr rauchen könne.«

Welch herrliche Wahrheit! Gott kann uns nicht nur erretten, sondern es ist ihm ganz ernst damit, wenn er sagt, daß er uns auch umformt und in sein Ebenbild umgestaltet. Er kann unsere schlechten Gewohnheiten und Launen wegnehmen, unsere Gedanken reinigen und uns von innen her erneuern.

Obwohl ich erst wenige Monate zuvor die Geistestaufe empfangen hatte, schien es mir, als hätte ich bereits ein ganzes Leben in dieser neuen Dimension verbracht.

In der darauffolgenden Zeit hatte ich einen schweren Kampf mit dem Feind durchzustehen. Ganz plötzlich wurde ich das Opfer einer ungewöhnlichen Krankheit. Mein ganzes Leben lang war ich stark wie ein Riese und in bester körperlicher Verfassung gewesen. Doch wenn ich mich jetzt nur im geringsten anstrengte, fing mein Herz wie wild an zu schlagen. Ich war schwach, und alles tat mir weh. Nur ungern blieb ich eine Woche lang im Bett. Aber mein Zustand besserte sich nicht im geringsten. Zur Untersuchung ging ich ins Krankenhaus. Dort wurde ich sofort auf eine Tragbahre gelegt und auf schnellstem Weg zu Bett gebracht. Ein Test um den andern wurde vorgenommen, aber keiner gab irgendeinen Anhaltspunkt für die Ursache meines Leidens. Ich war elend, schwach und hatte Schmerzen, und es wurde ständig schlimmer. Wenn es so weiterginge, würde ich in kurzer Zeit nicht mehr am Leben sein. Meine gesamte Energie war erschöpft, und die Aussichten waren in der Tat sehr düster.

Als ich mich dann eines Nachts fragte, ob wohl mein Ende nun gekommen sei, war es mir plötzlich, als hörte ich die Worte: »Vertraust du mir immer noch?«

»Ja, Herr«, flüsterte ich im Dunkel.

Ein seltsamer Friede kam über mich, und ich fiel in einen tiefen Schlaf.

Am nächsten Morgen fühlte ich mich wesentlich besser. Die Ärzte bestanden jedoch darauf, daß ich noch eine Zeitlang im Bett bliebe, und ich war dankbar für diese Tage, die mir Zeit gaben zum Gebet, zum Loben und zum Lesen.

Einmal las ich ein Buch von Glenn Clark, und plötzlich hörte ich in mir die Worte: »Willst du jetzt für Jesus leben?«

Ich konnte nur antworten: »Ja, Herr.«

»Aber sind deine Gedanken und deine Begierden rein?«

»Nein, Herr.«

»Möchtest du, daß sie rein werden?«

»O ja, Herr. Mein ganzes Leben lang habe ich mich verzweifelt bemüht, unreine Gedanken und Begierden zu überwinden.«

»Willst du mir all deine unreinen Gedanken überlassen?«

»Ja, Herr.«

»Für immer?«

»Ja, Herr, für immer.«

Plötzlich war es mir, als würde etwas Schweres von mir genommen, als wiche der Nebel um mich und ließe mich alles klar und rein erkennen.

Die Tür des Krankenzimmers öffnete sich, und eine junge Krankenschwester kam herein. Mein Blick folgte ihr. Sie war jung und schön, aber ich konnte nur denken: Was für ein hübsches Menschenkind. Nicht einmal ein flüchtiger begehrlicher Gedanke stieg in mir auf.

Als ich aus dem Krankenhaus entlassen war, besuchte ich unseren Gebetskreis. Ich hatte das tiefe Bedürfnis, mit mir beten zu lassen. Seither hatte ich immer mit den Leuten gebetet, jetzt bedurfte ich ihrer Gebete.

»Worum sollen wir Gott denn bitten?«

Ich dachte einen Augenblick nach. »Bittet Gott darum, daß er mich mehr denn je gebrauchen möge«, erwiderte ich. Sie fingen an zu beten. Plötzlich sah ich im Geiste Jesus vor mir stehen. Er sagte: »Ich möchte nicht *dich* gebrauchen, sondern möchte, daß du *mich* in Anspruch nimmst.«

Es war, als ob sich mir die Tür zu einer ganz neuen Jesus-Erkenntnis öffnete. Er möchte sich uns jeden Augenblick unseres

Lebens neu schenken, so wie er sich am Kreuz für uns gab. Wir haben nichts, was wir ihm geben könnten, wir können nur von ihm empfangen.

VI

Vietnam

Im Jahre 1966 erhielt ich den Marschbefehl nach Vietnam, und zwar mit der 80. Hauptreservetruppe, die damals in Fort Bragg stationiert war.

Wir gingen in San Francisco an Bord, und als wir die Bucht verließen und auf die offene See hinausfuhren, stand ich an der Reling – erfüllt und umgeben vom Frieden Gottes. Ich wußte, dies war sein Wille für mich.

An Bord begann ich sofort mit einem Gebetskreis, mit Bibelarbeit und regelmäßigen Gottesdiensten. Einundzwanzig Tage verbrachten wir auf See, und täglich nahmen etliche der Männer Christus an.

Der Teufel flüsterte mir immer wieder ins Ohr, sie täten das nur, weil sie nach Vietnam müßten, ihre Entscheidung sei im Grunde nicht ernst gemeint.

Einige Monate später stellte sich dann heraus, was für ein großer Lügner der Teufel ist. Viele der Jungs, die eine Entscheidung für Jesus getroffen hatten, gehörten einer Einheit an, die sich nach der Ankunft in Vietnam sofort von uns trennte. Eines Tages besuchte ich diese Einheit. Als mich einer der Feldwebel wiedererkannte, sprang er vor lauter Freude fast in die Luft. »Preis dem Herrn, Pfarrer Carothers!«

Er erzählte mir dann, welch wunderbare Dinge Gott unter ihnen gewirkt hatte. Miteinander besuchten wir die anderen Soldaten dieser Einheit, die Christus an Bord des Schiffes angenommen hatten. Sie erzählten mir, daß sie Bibelabende abhalten würden und auch schon andere zu Christus geführt hätten.

»Erinnern Sie sich noch an Leutnant Stover?« fragten sie mich.

»Ja, sehr gut.« Mir fiel jener Nachmittag wieder ein, an dem wir zusammen auf Deck standen und er mir erzählte, daß er während seiner ganzen Schul- und Studienzeit Gott davongelaufen sei. Dort auf Deck übergab er sein Leben erneut dem Herrn und versprach, gleich nach seiner Entlassung aus der Armee in einen hauptamtlichen Dienst für Gott zu treten.

»Er hat jetzt einen großen Chor gegründet, und die Kameraden machen begeistert mit.«

Ich traf diesen Leutnant dann auch noch persönlich, und es gab ein freudiges Wiedersehen.

Gleich nachdem ich in Cam Rahn Bay angekommen war, begann ich einen Gebetskreis, der sich Samstag abends traf. Bald waren wir 25 Männer. Ich forderte sie auf zu glauben, daß Gott unsere Gebete erhört, wenn wir ihm nur vertrauen.

Mehrere Wochen lang fragte ich, ob jemand ein besonderes Gebetsanliegen habe. Eines Abends meldete sich der diensthabende Offizier:

»Ich wäre dankbar, wenn Sie für meine Frau beten würden. Wir sind seit sechs Jahren verheiratet, aber sie ist so sehr gegen den christlichen Glauben eingestellt, daß sie nicht einmal ein Tischgebet duldet. Ich glaube zwar nicht, daß es viel nützen wird, wenn wir für sie beten, aber trotzdem wäre ich froh, wenn Sie es wenigstens einmal versuchen würden.«

Für den Anfang kam mir dieses Gebetsanliegen als recht ungewöhnlich vor, doch ich lernte langsam, daß Gott weiß, was er tut. Ich bat die Männer, einen Kreis zu bilden und sich an der Hand zu halten, und so fingen wir an, um unser erstes Wunder zu beten.

Keiner der Männer hatte je gewagt zu glauben, daß ein Wunder geschehe, doch sie waren wenigstens bereit, nun einen Versuch zu machen. Ich hatte ihnen allen erzählt, was für wunderbare Dinge Gott in meinem Leben getan hatte, seitdem ich mit dem Heiligen Geist getauft worden war.

Hier in Vietnam, in unmittelbarer Nähe der Kriegsfront, wurden die Leute nicht so abgelenkt und zerstreut wie zu Hause und waren bereit, die tieferen geistlichen Dinge zu erfassen.

Zwei Wochen später brachte dieser Offizier einen Brief mit in die Gebetsstunde. Die Tränen liefen ihm über die Wangen, als er uns den Inhalt des Briefes vorlas:

»*Liebling! Du wirst wahrscheinlich kaum glauben können, was sich hier bei uns zugetragen hat. Es war vor einer Woche, am Samstagmorgen, als ich in der Küche am Spültisch stand, da hatte ich ein ganz ungewöhnliches Erlebnis. Ich sah plötzlich in Gedanken ein großes, weißes Schild, auf dem in großen, schwarzen Buchstaben ›EVANGELISATION‹ geschrieben stand. Ich konnte dieses Bild nicht mehr los werden. So sehr ich mich auch bemühte, meine Gedanken auf etwas anderes zu konzentrieren – das Schild stand mir den ganzen Morgen vor Augen. Als es schließlich auf Mittag zuging, wurde ich ganz unruhig. Ich rief Deine Schwester an und fragte sie, ob irgendwo in der Stadt ein großes, weißes Schild angebracht sei, das zu einer Evangelisation einlade. Ich dachte, ich hätte es vielleicht irgendwo gesehen. Sie antwortete, daß nirgends ein solches Schild sei, aber sie hätten zur Zeit eine Evangelisation in ihrer Kirche. ›Würdest du gerne mitgehen?‹ fragte sie mich.*
Ich sagte: ›Du weißt doch, daß ich nie zu solchen Veranstaltungen gehe.‹ Doch das Schild ging mir nicht aus dem Sinn, und am Abend war es so schlimm, daß ich Deine Schwester wieder anrief und sie fragte, ob ich mit ihr gehen könne. Während des Gottesdienstes erging eine Aufforderung, und ich ging nach vorne. Ich habe noch eine Woche mit dem Schreiben gewartet, denn ich wollte sicher sein, daß ich auch wirklich mein Leben Christus übergeben habe. Und Liebling, es stimmt! Heute ließ ich mich taufen und bin voll Freude. Ich kann es kaum erwarten, bis Du nach Hause kommst und wir ein wirklich christliches Familienleben führen können.«

»Herr Pfarrer«, sagte der Offizier, »wissen Sie auch, welche Zeit wir hier hatten, als es zu Hause Samstagmorgen war?«
Ich schüttelte den Kopf.
»Es war der Samstagabend, an dem wir für sie beteten. Genau um diese Zeit sah sie zum erstenmal das Schild. Und erinnern Sie sich auch noch an den Sonntagmorgen?«
»Ja, ich erinnere mich noch daran.« Am Schluß des Gottesdienstes, als die Aufforderung zur Heilsannahme erging, war auch er nach vorne gekommen. Ich hatte zu ihm gesagt, daß ich

dachte, er sei bereits gläubig, und er hatte geantwortet: »Ja, das bin ich auch, aber als ich hinten stand, war mir so, als würde es meiner Frau irgendwie helfen, wenn ich nach vorne ginge.«

Nun sah er mich an, und die Tränen flossen ihm über das Gesicht. »Herr Pfarrer, ist Ihnen klar, welche Zeit man da bei uns zu Hause hatte?«

Jetzt ging mir ein Licht auf. Es war zu Hause Samstagabend gewesen – der Abend, an dem seine Frau Christus angenommen hatte. Eine freudige Bewegung ging durch die Beterschar, und die Tränen flossen reichlich. Die Männer lernten nun aus eigener Erfahrung, daß Gott tatsächlich Gebete beantwortet.

Neben dem diensthabenden Offizier saß ein Feldwebel mit dunkler Hautfarbe. Ich konnte sehen, daß ihn etwas bedrückte. »Was haben Sie für ein Anliegen?« fragte ich ihn.

»Sir, meine Frau ist wie die seine, sie duldet nichts Frommes in der Familie. Jetzt sehe ich ein, wenn ich vor zwei Wochen ein wenig mehr Glauben gehabt hätte, hätten wir auch für meine Frau beten können. Vielleicht wäre bei ihr das gleiche geschehen.«

Welch eine auffallende Ähnlichkeit der Verhältnisse! Hier waren zwei Soldaten in Vietnam, weit weg von der Heimat, und beide hatten das gleiche ungewöhnliche Problem. »Wir wollen jetzt auch für Ihre Frau beten«, sagte ich in freudiger Erregung.

»Sir, ich glaube, ich habe meine Gelegenheit verpaßt. Ich kann einfach nicht glauben, daß es etwas nützt, wenn wir jetzt beten.«

»Sie brauchen sich nicht allein auf Ihren Glauben zu verlassen«, sagte ich. »Haben Sie einfach Vertrauen zu unseren Gebeten, und wir werden für Sie glauben.«

Wir reichten einander die Hände und fingen an zu beten. Es war jetzt ein ganz anderer Eifer unter den Männern zu verspüren. Sie erfuhren es nun im eigenen Leben, daß Gott Gebete hört und erhört.

Als ich am nächsten Morgen in meinem Amtszimmer war, kam dieser Feldwebel hereingestürzt. Er hielt einen Brief in der Hand und strahlte vor Freude.

»Sagen Sie bloß, Sie haben schon Antwort«, sagte ich scherzend.

»Hab ich!«

Er schwebte schon halb im Himmel, und blitzartig kamen mir die Worte in den Sinn: »Ehe sie rufen, will ich antworten.« War es am Ende doch so? »Was steht denn in dem Brief?«

Er hatte fast denselben Wortlaut wie der Brief, den wir am Abend zuvor gelesen hatten. Auch die Frau dieses Feldwebels hatte sich bekehrt, sich taufen lassen und unterrichtete bereits eine Sonntagsschulklasse.

»O Gott«, hauchte ich, »ich liebe dich, ich liebe dich.«

Eines Samstagabends kam ein Neuer – ein Offizier – in unsere Versammlungen. Ganz offensichtlich war er mit unserer Einstellung zum Gebet nicht einverstanden.

»Herr Pfarrer, wenn Gott tatsächlich Gebete erhören würde, dann ließe er auch einmal etwas Besonderes geschehen.«

»Was würden Sie denn zum Beispiel für etwas Besonderes halten?« fragte ich ihn ruhig.

»Sehen Sie, seit unser kleiner Sohn zum erstenmal stehen konnte, schaut er immer auf seine Füßchen und weint dabei laut vor Schmerz. Wir waren mit ihm schon bei sämtlichen praktischen Ärzten und Spezialisten, die es in unserer Gegend gibt. Wir haben es mit Spezialschuhen, mit Gipsverband, mit Schienen und mit Bandagen versucht, aber nichts hat geholfen. Er ist sieben Jahre alt. Jeden Abend muß meine Frau seine Füße auf ein Kissen legen und sie reiben, bevor er einschlafen kann. Warum greift Gott da nicht ein?«

Im stillen bat ich Gott, mir zu zeigen, was ich hier beten sollte. Dann sagte ich: »Wir werden jetzt beten, und Gott wird ihn heilen.« Ich war fest davon überzeugt. »Sie können es zwar nicht glauben, aber wir glauben an Ihrer Stelle, und Gott wird ihn heilen. Wir werden jetzt einen Kreis bilden und möchten Sie bitten, sich auch daran zu beteiligen. Dann wollen wir gemeinsam beten.«

Die Männer beteten mit erneutem Verlangen, daß Gott etwas tun möge. Hier war nun schon das dritte Gebetsanliegen für einen Menschen in der Heimat. Ich wußte, Gott hatte uns diese Anliegen geschickt. Zwei Wochen später traf wieder ein Brief ein:

»Liebster!
Ich habe eine Woche zugewartet, bevor ich Dir jetzt von dem berichten will, was fast zu schön ist, um wahr zu sein. Vor einer Woche bemerkte ich, daß Paul zum erstenmal in seinem Leben den ganzen Tag über nicht ein einziges Mal von seinen Füßen sprach. Er ging an jenem Abend zu Bett, ohne daß ich ein Kissen unter seine Füße legte. Ich wollte Dir eigentlich sofort schreiben, verschob es dann aber doch lieber etwas, um keine falschen Hoffnungen in Dir zu wecken. Am nächsten Tag war es wieder so. Und nun ist schon eine ganze Woche vergangen, ohne daß er über Schmerzen in den Füßen geklagt hätte.«

»Herr Pfarrer, ich kann es fast nicht glauben«, sagte der Offizier und konnte kaum die Tränen zurückhalten, »aber genau seit dem Tag, an dem wir für meinen Jungen gebetet haben, tun seine Füße nicht mehr weh.«

Jedesmal, wenn ich diesem Offizier wieder begegnete – selbst noch Monate später –, hob er die Arme hoch und sagte: »Seine Füße tun noch immer nicht weh.«

Von da an wuchs der Glaube unserer Landser. Immer mehr Gebete wurden erhört. Andere Kameraden stießen auf unsere Gruppe und wollten auch von den erstaunlichen Dingen hören, die hier geschahen. Ich ging dazu über, Briefe und Berichte über Gebetserhörungen am Sonntagmorgen von der Kanzel zu verlesen. Und so oft ich den Männern im Alltag begegnete, winkten sie mir zu und riefen: »Wieder ein neues Wunder, Herr Pfarrer?«

Oft rief ich dann zurück: »Ja, das größte aller Wunder: wieder hat einer der Jungs den Heiland gefunden und ewiges Leben empfangen!«

Der Geist des Herrn wirkte mächtig in unserer Mitte, und viele Soldaten wurden zu Christus geführt.

An einem Sonntagmorgen hatte ich wieder zur Heilsannahme aufgefordert, und viele waren zum Gebet nach vorne gekommen. Nach dem Gottesdienst ging ich in mein Amtszimmer, um einige Minuten mit dem Herrn allein zu sein. Ich wollte gerade gehen, da kam plötzlich ein Feldwebel durch die Tür gestürmt und fiel mitten in meinem Zimmer auf die Knie.

»Bitte, beten Sie mit mir«, rief er in offensichtlicher Not.

Dann fing er an, seine Sünden zu bekennen: ausschweifendes Leben, Alkohol- und Drogensucht, Vernachlässigung von Frau und Kind. Eine Sünde nach der andern bekannte er unter Tränen der Buße. Als er zu Ende war, sagte ich ihm, daß Gott ihn liebe und Jesus Christus gesandt habe, um am Kreuz für jede einzelne Sünde, die er bekannt habe, zu sterben. »Sie brauchen jetzt nur noch Christus als Ihren Heiland anzunehmen, dann gibt Gott Ihnen ewiges Leben und vor allem Vergebung«, sagte ich.

»Das will ich ja, das will ich«, schluchzte er, und als er dann anfing, Gott zu danken und ihn zu loben, leuchteten Friede und Freude aus seinen Augen.

Später erzählte er mir dann, weshalb er so stürmisch in mein Amtszimmer gerannt war. An jenem Morgen war er auf dem Weg zum Militärkaufladen an der Kapelle vorbeigekommen. Plötzlich hatte er das Verlangen einzutreten. »Verrückter Einfall«, dachte er, »seit über sechs Jahren bin ich in keiner Kirche mehr gewesen. Und jetzt habe ich auch keine Veranlassung, da hineinzugehen.« Er ging weiter in Richtung Laden, doch etwas zog ihn zurück. Schließlich entschloß er sich, in die Kapelle zu gehen, wo der Gottesdienst soeben begonnen hatte. Er hörte sich alles an, und als sich dann die Gemeinde erhob, um den letzten Choral zu singen, merkte er, daß er so stark zitterte, daß er sich am vorderen Stuhl festhalten mußte.

Er befürchtete, jeden Augenblick umzufallen, und verspürte das mächtige Bedürfnis, nach vorne zu gehen und sein Leben Gott zu übergeben.

»Das kann ich einfach nicht«, sagte er sich und verließ die Kapelle. Aber draußen auf der Straße wurden seine Knie so weich, daß er wußte, er würde nicht mehr lange aufrecht gehen können. Eine innere Stimme sagte ihm, jetzt sei seine Zeit gekommen. Er müsse Gott gehorchen, oder er würde ihn sterben lassen. Ohne noch länger zu zögern, drehte er sich um, rannte zurück in die Kapelle und direkt zu meiner Tür hinein.

Einer unserer Militärgeistlichen gehörte den Baptisten an. Wir waren gute Freunde, und auch er liebte den Herrn; doch sobald ich etwas vom Heiligen Geist erwähnte, wurde er von einer panischen Angst ergriffen. Heilung durch den Glauben, Austreibung von Dämonen und bösen Geistern, die Erfüllung mit dem Heiligen Geist und die Gaben des Geistes waren ihm vollständig fremde Dinge. Einmal kam er in unseren Gebetskreis. Doch dann bat er, man möge sein Fernbleiben künftig entschuldigen, er werde nie mehr daran teilnehmen.

Er stieß sich ganz besonders daran, daß derjenige, für den gebetet wurde, sich auf einen Stuhl in der Mitte des Kreises setzte und die anderen ihm dann die Hände auflegten und beteten, Gott möge seiner besonderen Not begegnen. Er hatte das noch nie zuvor gesehen und hielt es für etwas Unchristliches.

Durch die Männer, die den Gebetskreis besuchten, erfuhr er, was hier alles geschah. Kameraden, die verzagt und niedergeschlagen waren und aufgeben wollten, baten darum, daß mit ihnen gebetet würde. Sie erzählten ihm, wie sie von ihren Belastungen vollkommen frei geworden seien. Nachdem sie auf dem Stuhl gesessen und die anderen unter Handauflegung mit ihnen gebetet hätten, seien sie mit einem bleibenden Frieden und mit einer anhaltenden Freude erfüllt worden. Sie erzählten ihm auch, wie Christus ihnen von diesem Augenblick an viel realer geworden sei.

Ganz allmählich beeindruckten diese Dinge auch den Feldgeistlichen. Er erkannte, daß Gott auf vielerlei Arten wirkt, ja sogar auf eine Art und Weise, die sich wesentlich von dem unterscheidet, was wir bisher gesehen und erlebt haben. Dann geschah das Unerwartete.

Ein Feldgeistlicher, der einer anderen Fronteinheit angehörte, kam ums Leben. Mein Freund wurde sofort beauftragt, dessen Platz einzunehmen. Natürlich war er etwas besorgt und suchte mich vor seinem Weggang noch in meinem Amtszimmer auf, um sich von mir zu verabschieden. Zögernd bekannte er, daß ihm die Stunden in unserem Gebetskreis inzwischen sehr viel bedeutet hätten. Dann kniete er sich nieder, während ihm die Tränen über die Wangen rollten. Er nahm meine Hände und legte sie auf sein Haupt.

»Merlin, bitte bete mit mir, so wie du immer betest.«

Leise fing ich an, mit ihm in Zungen zu beten, und während ich betete, kamen Freude und Frieden in sein Herz. Lachend und weinend sagte er mir, daß alle seine Furcht jetzt verschwunden sei. Er war jetzt bereit, an die Front zu ziehen.

Einige Wochen später rief er mich an und sagte mir, daß er bei einem Hubschrauberunglück beinahe ums Leben gekommen sei, und zwar noch am gleichen Tag, an dem er bei seiner Einheit eingetroffen sei.

»Aber auch da verspürte ich nur überströmende Liebe und Vertrauen zu Jesus Christus«, sagte er.

Meine Einheit wurde bald weiter nördlich nach Chu Lai verlegt und dort mit der American-Division zusammengeführt. Zusammen mit der Marine standen wir jetzt mitten im Kriegsgeschehen. Aber mehr und mehr durfte ich erleben, daß Gott seine Kinder auch hier zu beschützen wußte. Wenn wir ihm vertrauen, kann uns keine Macht dieser Erde etwas anhaben, sofern es nicht sein Wille ist.

Mehrere Male erlebte ich es bei meinen Reisen, daß ich infolge eines inneren Drangs in letzter Minute meine Pläne änderte. Später stellte es sich dann heraus, daß ich jedesmal, wenn ich einem solchen inneren Drang gehorsam war, einer Situation entgangen war, die mir das Leben hätte kosten können.

Einmal war ich zu einem Strandgottesdienst eingeteilt. Diesen Gottesdienst sollte ich für Soldaten abhalten, die mit dem Ausladen von 500 Pfund schweren Bomben beschäftigt waren. In letzter Minute hatte ich das ganz starke Empfinden, daß ich diesen Gottesdienst absagen sollte. Genau zu dem Zeitpunkt und genau an dem Ort, an dem wir uns zusammengefunden hätten, explodierte die ganze Bombenladung. Hätten wir den Gottesdienst abgehalten, wären viele der Männer ums Leben gekommen.

Ein alter Bekannter von mir, Pfarrer Burton Hatch, war Divisionspfarrer der American-Division. Er lud mich ein, an einem Sonntagabend für ihn den Gottesdienst zu übernehmen. Am Ende des Gottesdienstes kamen mehrere der Männer nach vorne, um Christus anzunehmen, und ich betete mit jedem einzelnen von ihnen.

Am nächsten Morgen kam einer von ihnen in die Kapelle zurück. Er war völlig aufgelöst, seine Kleider hingen durchnäßt und schmutzig an ihm, und das Haar klebte ihm an der Stirn. Aber sein Gesicht leuchtete, während er immerzu die Worte wiederholte: »Preis dem Herrn, Dank sei dir, Jesus!«

Früh an jenem Morgen hatte er mit fünf Kameraden in voller Kampfausrüstung – Handgranaten, Patronengurten und schweren Flakwesten – einen Hubschrauber bestiegen. Sie waren entlang der Küste und über das Chinesische Meer in Richtung Norden geflogen. Der Pilot flog zu dicht über dem Wasser, so daß plötzlich eine riesige Welle gegen den Rumpf des Helikopters schlug. Die Maschine machte einen Satz, kippte vornüber und stürzte ins Meer. Die Insassen wurden in alle Richtungen aus dem Hubschrauber geschleudert.

Dieser junge Soldat erkannte plötzlich, daß er unter Wasser war und sehr schnell sank. Er versuchte, an die Oberfläche zu schwimmen, und schaffte es auch, kurz Luft zu holen, ehe er aufs neue unterging. Verzweifelt versuchte er, sich zu befreien; es gelang ihm nicht. Als er aufs neue untergegangen sei, so erzählte er mir, habe er plötzlich daran gedacht, daß er am Abend zuvor Christus angenommen habe. Er war also zum Sterben bereit und empfand auf einmal einen großen Frieden im Herzen. Es machte ihm nun eigentlich nichts mehr aus, wenn er sich von der schweren Ausrüstung auch nicht mehr befreien könnte. Noch einmal tauchte er auf und ging dann wieder unter. Als er das dritte Mal an die Oberfläche kam, wurde ihm klar, daß ihn jetzt seine Kräfte verlassen würden und er bald bei seinem Herrn wäre. Gerade in diesem Augenblick spürte er, wie sich die schwere Ausrüstung von seinem Körper löste! Er tauchte auf und war befreit. Er schwamm an Land und mußte dort feststellen, daß er der einzige Überlebende war.

Nachdem ich einige Monate in Chu Lai stationiert gewesen war, wurde ich nach Quin Yhan weiter südlich versetzt, um dort im Feldlazarett der amerikanischen Armee zu dienen. Männer, die erst wenige Stunden zuvor verwundet worden waren, wurden zu uns ins Lazarett gebracht. Immer und immer wieder sah ich die Kraft Gottes wirken. Diese Männer waren bereit, Christus anzunehmen. Einer nach dem anderen erzählte mir, wie er durch eine ihm unbegreifliche Macht vor dem Tode bewahrt wurde.

»Was war es denn?« fragte ich sie.

»Ich kann es nicht erklären«, lautete ihre Antwort.

»In dem Augenblick, als ich wußte, daß ich sterben müßte, wurde ich plötzlich von einer höheren Macht umgeben, und ich bekam die Gewißheit, daß ich in Sicherheit war. Ich wußte auch, daß es Gott war und daß er nicht wollte, daß ich sterbe.«

Oft fragten mich die Männer, warum Gott wohl gerade sie bewahrt habe. Ich erklärte ihnen dann, daß Gott eine besondere Absicht mit ihrem Leben habe und ihnen diese auch zeigen werde, wenn sie auf seine Stimme hörten.

Eines Abends rief mich eine Schwester ins Lazarett, weil mich ein Major sprechen wollte. Als er mich sah, begann er fassungslos zu weinen. Sein ganzer Körper lag in einem Verband. Zehn Minuten lang stand ich da, während er versuchte, den Strom der Tränen zurückzuhalten, der sich über seine Wangen ergoß. Ich fragte mich, was wohl sein Problem sein mochte. Hatte man ihm vielleicht gesagt, daß seine Beine amputiert werden müßten? Sie trugen einen schweren Verband und sahen aus, als ob sie schwer verwundet wären.

Vielleicht hatte er auch von zu Hause Nachricht bekommen, daß ein Krankheitsfall eingetreten war.

Schließlich faßte er sich wieder und erzählte mir dann eine recht erstaunliche Geschichte.

Noch vor wenigen Stunden war er als Passagier an Bord eines Hubschraubers gewesen. Da wurden sie von der Flak abgeschossen und stürzten im dichten Dschungel ab. Sechs Männer wurden aus dem Hubschrauber geschleudert und lagen am Berghang verstreut. Als der Major zu sich kam, merkte er, daß er schwer verwundet war und sich nicht bewegen konnte. Er hörte die Schreie der anderen, die sich ebenfalls nicht rühren konnten. In der Ferne hörte er Gewehrschüsse. Vietcong-Soldaten näherten sich der Stelle, an der sie den Hubschrauber hatten abstürzen sehen, um die Amerikaner gefangenzunehmen.

Plötzlich wurde dem Major klar, daß sein Ende gekommen war. Die Vietcong-Soldaten würden sich nicht die Mühe machen, die verwundeten Amerikaner wegzutransportieren. Wahrscheinlich würden sie das grausame Spiel mit ihnen treiben und sie zu Tode foltern.

Er versuchte zu beten, merkte aber bald, daß er das nicht einmal konnte. Sein ganzes Leben lang war er zur Kirche gegangen, hatte aber noch nie wirklich mit Gott geredet. Doch auf einmal war es ihm, als würde jemand sagen: »Bitte nur und glaube!«
In seiner großen Not rief er mit dem Glauben, den er soeben erst gefunden hatte: »O Gott, bitte hilf mir!« Er erkannte, daß er nun zum erstenmal in seinem Leben mit Gott geredet hatte. Immer noch hörte er den Vietcong näherrücken.
Kilometerweit entfernt flog ein anderer Armeehubschrauber in Richtung Norden. Später erzählte der Pilot dieses Hubschraubers folgendes: »Plötzlich wurde ich innerlich gedrängt, zu wenden und in Richtung Osten zu fliegen. *Aber weshalb?* fragte ich mich. Mein Ziel lag doch in nördlicher Richtung. Entgegen aller militärischer Vorschriften drehte ich um 90° und flog nach Osten. Dann hieß es in mir, ich solle tiefer und langsamer fliegen. Dies erschien mir noch unlogischer und widersprach sämtlichen Vorschriften für das Überfliegen von feindlichem Gebiet. Ich hätte jetzt entweder hoch oder tief und schnell fliegen müssen. Aber das innere Gefühl war so stark, daß ich bis auf Baumhöhe hinunterging. Mir war, als suchte ich etwas. Da war es auch schon! Ich entdeckte plötzlich die Überreste eines abgestürzten Helikopters, die im Dschungel verstreut umherlagen.
Ich hatte keine Ahnung, wie lange der Hubschrauber schon abgestürzt war, aber ich mußte die Sache näher untersuchen. Der Dschungel war hier so dicht, daß eine Landung nicht in Frage kam. Während ich über den Gipfeln der Bäume schwebte, ließ sich eines meiner Besatzungsmitglieder an einer Winde auf die Erde hinunter. Als der Mann den Boden erreicht hatte, fand er die Verwundeten. Einen nach dem andern machte er an der Winde fest und zog sie zum Hubschrauber hoch. Als der letzte Verwundete in Sicherheit war, machte er sich selbst fest und ließ sich hochziehen. In dem Moment, als er den Boden verließ, traf der Vietcong ein und eröffnete auf ihn das Feuer. Ich sah, was geschah, und kaum war unser Mann wieder an Bord, zog ich die Maschine hoch und flog davon.«
Wenige Minuten später lagen die Schwerverwundeten sicher im Lazarett.
Als der Major seine Geschichte zu Ende erzählt hatte, ergriff er

meine Hand und sagte: »Herr Pfarrer, ich habe Sie rufen lassen, damit Sie mit mir Gott für seine Güte danken, die er an mir erwiesen hat. Ich werde ihm mein Leben lang dienen.«

VII

Freuet euch!

Im Jahre 1967 kehrte ich aus Vietnam zurück und kam dann nach Fort Benning (Georgia). 23 Jahre waren vergangen, seitdem ich als Gefangener in Handschellen von dort abtransportiert worden war. Jetzt kam ich als Militärgeistlicher zurück! Ich konnte mir kaum mehr vorstellen, wie mir damals zumute war.
Mir wurde nun die Aufgabe eines Brigadepfarrers übertragen. Gewiß, ich war begeistert von dieser neuen Aufgabe, war mir aber andererseits auch meiner eigenen Mängel voll bewußt. Ich hatte zwar die Offenbarung der Kraft und Gegenwart Gottes in meinem und im Leben anderer erlebt, trotzdem hatte ich mich dem Herrn oft nur widerstrebend als Werkzeug zur Verfügung gestellt.
Ich durchlebte immer noch Zeiten der Niedergeschlagenheit und wußte, daß dies nicht der Wille und Plan Gottes für mich war.
Ich suchte in der Schrift nach einer Antwort auf dieses ungelöste Problem. In Joh. 17 fand ich das Gebet, das Jesus für uns, seine Nachfolger, an den Vater richtete. Er betete: ». . . damit sie meine Freude vollkommen in sich haben.« Genau das wollte ich haben: die Freude des Herrn – nicht nur, wenn alles nach Wunsch ging, sondern allezeit. Jesus betete, daß ich diese Freude bekomme; was hielt mich dann noch davon ab, sie ständig in meinem Leben zu erfahren?
In Lukas 6, 23 sagt Jesus, daß wir vor Freude hüpfen sollen (Elberf. Übers.). Er erläutert sogar im einzelnen, in welchen Fällen wir vor Freude hüpfen sollen: wenn ihr hungert . . . wenn die Menschen euch hassen . . . wenn die Menschen euch schmähen . . . wenn sie euren Namen als böse verwerfen . . . freuet euch an jenem Tag und hüpfet vor Freude. Mir war dies in der Bibel bisher noch nie aufgefallen.

»Wie kannst du erwarten, Herr, daß ich unter solchen Umständen vor Freude hüpfe?« Mir wollte das gar nicht einleuchten, aber je mehr ich meine Bibel las, desto mehr Stellen fand ich, die dasselbe aussagten. Lag dem wohl ein Prinzip zugrunde?

Ich las dann den zweiten Brief von Paulus an die Korinther. In Kapitel 12, 9–10 schreibt er: »Darum will ich mich am allerliebsten rühmen meiner Schwachheit, auf daß die Kraft Christi bei mir wohne. Darum bin ich guten Mutes in Schwachheit, in Mißhandlungen, in Nöten, in Verfolgungen, in Ängsten, um Christi willen; denn wenn ich schwach bin, so bin ich stark.« Gerade die Schwachheiten waren es, die mich keineswegs freudig stimmten. Mir gefiel es gar nicht, wenn ich angegriffen wurde oder wenn ein Unglück passierte und alles schiefging.

Doch immer und immer wieder entdeckte ich in meiner Bibel die Worte: »Freuet euch! Saget Gott Dank für alles!« Der Psalmist redet ständig von Freude inmitten von Trübsal. »Du hast mir meine Klage verwandelt in einen Reigen«, sagt David in Psalm 30.

Ich war zu einem Versuch bereit, aber wie?

Eines Abends fing ich in einem kleinen Gebetskreis an zu lachen. Ich lachte fünfzehn Minuten lang, und während ich so lachte, hörte ich Gott zu mir reden: »Macht es dich froh, daß Jesus für deine Sünden gestorben ist?«

»Ja, Herr, es macht mich froh, es macht mich froh.«

»Wird dir nicht warm ums Herz, wenn du daran denkst, daß er für deine Sünden gestorben ist?«

»Doch, Herr.«

»Macht es dich nicht glücklich zu wissen, daß er dir durch seinen Tod ewiges Leben geschenkt hat?«

»Doch, Herr, doch.«

»Mußt du dich sehr anstrengen, damit du über sein Sterben voll. Freude sein kannst?«

»Nein, Herr, ich bin voll Freude.«

Ich wußte, Gott wollte mir zu verstehen geben, wie leicht es sei, sich über Christi Tod zu freuen. Ich durfte in die Hände klatschen, durfte lachen und voll Dankbarkeit singen und ihn loben für das, was er an mir getan hatte. Nichts anderes war wichtiger in meinem Leben, nichts konnte mir so viel Freude geben.

Ich lachte immer noch, aber in mir war jetzt alles ganz still geworden. Mir war, als wolle Gott mir etwas zeigen, was ich bisher noch nicht gewußt hatte.

Gott sagte: »Es macht dich also wirklich froh, daß sie meinen Sohn nahmen und seine Hände mit Nägeln durchbohrten. Dies macht dich froh, nicht wahr? Es macht dich auch froh, daß sie seine Füße mit Nägeln durchbohrten. Es macht dich froh, daß sie einen Speer in seine Seite stießen, bis das Blut herausfloß und auf die Erde tropfte. Das macht dich sehr glücklich, und du lachst vor lauter Freude, weil sie meinen Sohn so behandelten, nicht wahr?«

Alles wurde ganz still in mir. Ich wußte nicht, was ich antworten sollte.

»Es macht dich froh, daß meinem Sohn all das widerfuhr, nicht wahr?«

Schließlich mußte ich sagen: »Ja, Herr, das stimmt; ich verstehe es zwar nicht, aber es macht mich froh.«

Einen Augenblick lang überlegte ich, ob ich etwa die falsche Antwort gegeben oder ihn vielleicht mißverstanden hatte.

Aber zu meiner großen Erleichterung hörte ich ihn dann sagen: »Ja, mein Sohn, ich möchte, daß du froh bist. Ich möchte, daß du froh bist.«

Ich lachte weiter, und mit der Erkenntnis, daß Gott mich glücklich haben wollte, nahm die Freude in mir immer mehr zu. Dann wurde wieder alles ganz still, und ich wußte, Gott würde mir nun wieder etwas zeigen.

»Nun höre, mein Sohn. Wenn dir künftig irgend etwas widerfährt, was weniger schwer ist als das, was sie meinem Sohn getan haben, dann sollst du genauso froh sein wie du warst, als ich dich das erste Mal gefragt habe, ob du froh seist über den Tod Jesu.«

Ich antwortete: »Ja, Herr, ich begreife. Ich werde mein ganzes Leben lang dankbar sein. Ich werde dich loben und mich freuen. Ich werde singen, lachen und jubeln, ich werde voll Freude sein über alles, was du in meinem Leben zuläßt.«

Es war einfach, sich in diesem Zustand zu freuen. Ich verbrachte eine herrliche Zeit im Gebet, und die Freude ergoß sich über mich und durch mich wie ein Strom.

Am nächsten Morgen saß ich gerade auf dem Bettrand, als ich eine Stimme hörte: »Was machst du?«
»Ich sitze hier und wünsche mir, ich müßte jetzt nicht aufstehen.«
»Ich dachte, wir hätten gestern abend ein Abkommen getroffen.«
»Aber Herr, ich wußte nicht, daß du damit auch solche Dinge meinst.«
»Bedenke, daß ich gesagt habe: ›In allen Dingen‹.«
Ich sagte: »Aber Herr, ich muß jetzt ehrlich zu dir sein. Seit zwanzig Jahren sitze ich jeden Morgen hier auf dem Bettrand und wünsche mir, ich müßte nicht aufstehen. Ich stelle mir dann vor, wie herrlich es wäre, wenn ich mich nur noch fünf Minuten hinlegen dürfte.«
Aber der Geist sagte: »Du solltest dankbar sein, daß es Zeit ist zum Aufstehen.«
»Herr, das übersteigt mein Fassungsvermögen.«
Aber der Herr ist ja immer sehr geduldig und freundlich:
»Bist du willig, dich willig machen zu lassen?«
»Ja, Herr, das bin ich.«
An jenem Abend ging ich mit dem Gebet zu Bett: »Herr, das ist wirklich eine schwere Lektion, du mußt sie mir abnehmen. Ich stehe jederzeit auf, wenn du es mir sagst, aber ich weiß nicht, was ich tun soll, damit ich dafür dankbar sein kann.«
Ich hörte nur die Worte: »Bist du willig?«
»Ja, Herr, das bin ich.«
Am nächsten Morgen erwachte ich, und als erstes kam mir meine rechte große Zehe in den Sinn. Ich hörte die Worte: »Probier mal, ob du sie bewegen kannst.« Es ging.
»Bist du dankbar, daß du sie bewegen kannst?«
»Ja, Herr.«
»Nun probiere deinen Knöchel – bist du dankbar?«
»Ja, Herr.«
»Jetzt dein Knie – bist du dankbar?«
»Ja, Herr.«
»Nun probiere, ob du sitzen kannst.«
»Ja Herr, es geht. Aber ehrlich gesagt, ich würde trotzdem gerne liegenbleiben und weiterschlafen.«
Ganz geduldig sagte er: »Probiere, ob du aufstehen kannst –

bist du dankbar? Nun probiere, ob du ins Badezimmer gehen kannst. Schau dort in den Spiegel. Bist du dankbar, daß du sehen kannst?«

»Ja, Herr.«

»Nun sage etwas.«

»Halleluja.«

»Bist du froh, daß du sprechen und hören kannst?«

»Ja, Herr.« Dann wurde alles sehr still. Ich wußte, daß aus dieser Stille heraus Gott mir wieder etwas zeigen würde.

»Mein Sohn, weil ich dich liebe, werde ich dir zeigen, wie man in allen Dingen dankbar ist. Entweder du lernst es, auch für das frühe Aufstehen dankbar zu sein, und ich lasse dir all die anderen Dinge, für die du dankbar bist, oder aber ich mache, daß du im Bett liegen mußt und nicht sehen, nicht hören und dich nicht bewegen kannst – so lange, bis du diese Lektion gelernt hast.«

Da sprang ich hoch und sagte: »Herr, jetzt begreife ich! Ich bin dankbar! Ich werde immer dankbar bleiben!«

Am nächsten und am übernächsten Morgen und jeden Tag danach war nun stets mein erster Gedanke beim Erwachen: »Herr, ich bin dankbar.«

Ich konnte es nicht erwarten, bis ich meine Entdeckung anderen mitteilen konnte, aber der Geist erlaubte es mir nicht. Ich mußte zuerst einmal selbst gut lernen, wie man jede schwierige Siuation in Freude verwandelt.

Ich lernte die Verse aus 1. Thessalonicher 5, 16–18 auswendig und sagte sie mir immer und immer wieder vor: »Seid allezeit fröhlich, betet ohne Unterlaß, seid dankbar in allen Dingen; denn das ist der Wille Gottes in Christus Jesus an euch.«

Eines Tages näherte ich mich einer Verkehrsampel. Die Ampel schaltete soeben auf »Gelb«, doch ich kam gerade noch durch, ohne gegen die Vorschrift zu verstoßen. Ich mußte lächeln. Doch da redete Gott wieder zu mir:

»Warum bist du so glücklich?«

»Herr, ich habe es noch vor ›Rot‹ geschafft, ich danke dir.«

»Was hättes du gemacht, wenn die Ampel früher umgeschaltet hätte und du hättest anhalten müssen?«

»Herr, wahrscheinlich hätte ich ein wenig geschimpft und gewünscht, ich wäre noch durchgekommen.«

»Weißt du, daß ich es bin, der die Stopplichter kontrolliert? Daß das ganze Universum und auch die Zeit unter meiner Kontrolle stehen? Wenn die Ampel das nächste Mal auf ›Rot‹ umschaltet, sollst du auch dafür dankbar sein. Dann wirst du wissen, daß ich es bin, der auf ›Rot‹ umschaltet.«

Als beim nächsten Mal das Licht rot wurde, hielt ich an und fragte Gott, was ich während der Wartezeit machen solle.

»Siehst du jenen Mann, der die Straße überquert? Er braucht ganz dringend deine Gebete. Du hast jetzt Zeit und kannst für ihn beten.«

Wir sagen, daß wir an Gott glauben. Aber glauben wir wirklich, daß er jede kleine Einzelheit in unserem Leben lenkt und fügt? Oder meinen wir, er habe Wichtigeres zu tun? Jesus sagte, daß Gott weiß, wie viele Haare auf unserem Kopf sind. Weshalb fällt es uns dann so schwer zu glauben, daß er sich gründlicher um jede Einzelheit in unserem Leben kümmert, als wir selbst es zu tun vermögen? Ich zum Beispiel weiß bestimmt nicht, wie viele Haare ich auf dem Kopf habe!

Gott lenkt alles und läßt alles, was geschieht, denen zum Besten dienen, die ihn lieben (Röm. 8, 28).

Ich begann Gott mehr zu vertrauen. Aber was für eine Rolle spielt Satan in unserem Leben? Kann er sich heimlich einschleichen und uns gegen Gottes Willen angreifen?

Gott erlaubte Satan, in Judas zu fahren, so daß dieser Gottes Sohn verriet. Gott erlaubte Satan, Petrus so schwach zu machen, daß dieser leugnete, Jesus zu kennen. Er erlaubte Satan, in die Herzen der Männer zu kommen, die die Kreuzigung Jesu ausheckten und zur Ausführung brachten. Gott hätte ihnen jederzeit Einhalt gebieten können. Er hätte zehntausend Engel senden und sämtliche Pläne Satans vom Tisch fegen können. Aber Gott tat das nicht, denn er wußte, daß die ganze Sündennot und die Leiden, die Jesus durchstehen mußte, am Ende als lautere Freude, als Lobpreis und als Sieg hervorgehen würden.

Satan kann uns nicht das geringste anhaben, wenn er nicht von Gott die Erlaubnis dazu erhalten hat. Und Gott gibt ihm diese Erlaubnis nur dann, wenn er weiß, daß diese Anfechtung uns zur Läuterung dient.

Wenn wir dies einsehen, kann Gott unser Leben segnen. Die

Kraft des auferstandenen Christus ist in uns. Wunder, Kraftwirkungen und Siege werden ein Teil dessen sein, was Gott in unserem Leben wirkt, wenn wir es lernen, uns in allen Dingen zu freuen.

Eines Morgens stieg ich in mein Auto und wollte zur Arbeit fahren. Aber der Wagen lief nicht an. Beim Militär gibt es keine Entschuldigung für ein Zuspätkommen zur Arbeit. Ich sagte: »O. K., Herr, hier bin ich. Sicher willst du mir wieder etwas beibringen, deshalb danke. ich dir, daß der Wagen nicht anläuft.« Nach einer Weile kam jemand und half mir, den Wagen wieder in Gang zu bringen.

Am nächsten Morgen passierte dasselbe wieder. »Ich danke dir, Herr, denn ich weiß, du hast einen wunderbaren Grund, warum du mich hier sitzen läßt. Also werde ich mich mit Freude erfüllen lassen und dich loben.« Nach einiger Zeit gelang es mir wieder, den Wagen zu starten.

Später an jenem Morgen brachte ich das Auto zur Militärwerkstatt. Ich erklärte dem Werkstattleiter mein Problem, worauf er mir zur Antwort gab: »Es tut mir leid, Herr Pfarrer, aber der Mann, der diese Autotypen repariert, hatte einen Herzinfarkt und liegt im Krankenhaus. Ich sage ihnen dies nur ungern, doch leider müssen Sie Ihren Wagen in eine Zivilwerkstatt bringen.« »Die wissen dort, daß unser Mechaniker krank ist, und sie nehmen von den Leuten, was sie können. Sie haben das bis jetzt mit jedem gemacht, den wir zu ihnen geschickt haben.«

Als ich dann in Richtung »Zivil«-Werkstatt losfuhr, dachte ich: »Ist es nicht schrecklich, daß diese Zivilisten uns von der Armee so ausnützen?«

Doch ich wies diesen Gedanken sogleich zurück und dankte dem Herrn, daß er diesen ganzen Zwischenfall mir zum persönlichen Nutzen dienen lassen würde. Ich sagte: »Herr, ich weiß, daß du deine Hand im Spiel hast und lobe und preise dich dafür.«

Dann fuhr ich in die Werkstatt hinein. Der Meister kam mit dem Schreibblock auf mich zu und sagte freundlich zu mir: »Womit kann ich dienen, Sir?«

Wieder erklärte ich mein Problem. Anhand einer Liste versuchte er festzustellen, woran der Fehler liegen könnte.

»Dieses Teil kann hier leider nicht repariert werden, wir müssen es an eine andere Werkstatt einschicken. Aber vielleicht liegt das Problem auch ganz woanders; es können mehrere Dinge schuld sein. Aber wir werden so lange suchen, bis wir die Fehlerquelle gefunden haben.«

»Wie lange wird es dauern?«

Lächelnd erwiderte er: »Tut mir leid, Sir, ich habe keine Ahnung. Das kommt ganz darauf an.«

Ich konnte mir vorstellen, daß die Sache schön teuer würde.

»Wie teuer wird es werden?«

»Tut mir leid, Sir, ich habe keine Ahnung.«

Die Militärwerkstatt hatte recht. Diese Leute hier waren fähig, so viel wie nur möglich aus mir herauszuholen. »Ich danke dir, Herr, du hast einen guten Grund dafür.«

Ich sagte, daß ich mein Auto am nächsten Morgen wieder bringen würde und es dann so lange dort ließe, bis der Schaden gefunden und behoben wäre.

Mit einiger Mühe gelang es mir aufs neue, den Motor zu starten. Ich legte den Gang ein und fuhr an. In dem Augenblick eilte der Meister nochmals herbei und ergriff mich beim Arm. »Warten Sie einen Augenblick! Soeben kommt mir eine Idee, woran es liegen könnte. Schalten Sie den Motor nochmals ab.«

Er öffnete die Motorhaube und hantierte mit einem Schraubenzieher herum. Nach einigen Minuten sagte er: »Versuchen Sie jetzt noch einmal, ob er anspringt.«

Ich drehte den Zündschlüssel um, und schon heulte der Motor auf, als ob es ein neuer gewesen wäre.

»Wunderbar! Was bin ich Ihnen schuldig?«

»Nicht das geringste, Sir, ich habe es gerne getan.«

»Mein Sohn, ich wollte dir nur zeigen, daß du nie zu befürchten brauchst, überfordert, geschädigt oder unfair behandelt zu werden. Dies darf dir nicht widerfahren, es sei denn, es ist mein Wille. Dein Leben ist in meiner Hand, und du darfst mir in allen Dingen vertrauen. Wenn du mir weiterhin in allen Lagen dankst, wirst du sehen, wie vollkommen ich jede Einzelheit in deinem Leben lenke und hinausführe.«

»Halleluja, Herr!« Vor lauter Freude hob es mich fast vom Sitz des Wagens. »Ich danke dir, Herr! Ich danke dir, daß du mir alle diese wunderbaren Dinge zeigst.«

Ich freute mich und sah ein, daß, wenn ich geschimpft und gemeckert hätte, mir der ganze Zwischenfall absolut keinen Gewinn gebracht hätte. Wie viele Gelegenheiten hatte ich schon vorbeigehen lassen, durch die er mir hatte zeigen wollen, wie sehr er mich liebt. Viele von uns schleppen diese Gelegenheiten als schwere Lasten mit sich herum; aber Gott hat es durch Christus so bestimmt, daß alle diese Dinge – während sie unser Leben passieren – einen Umgestaltungsprozeß durchmachen und als lautere Freude wieder in Erscheinung treten.

Wie herrlich zu wissen, daß Gott gerade in diesem Augenblick unsere Herzen mit überfließender Freude erfüllen will – nicht, weil wir so gut, so gerecht, so opferbereit sind. Diese Freude ist nur an eine einzige Bedingung geknüpft, nämlich daran, daß wir dem Herrn Jesus glauben.

Daß wir glauben: wenn der Stuhl unter mir zusammenbricht, dann ist es sein Wille. Daß wir glauben: wenn der Kaffee zu heiß oder der Toast zu weich ist, dann ist es sein Wille.

Wenn wir anfangen, dies wirklich zu glauben, dann wird die Kraft Gottes in unserem Herzen freigesetzt. Das will uns Jesus verdeutlichen, wenn er sagt: »Hüpfet vor Freude, wenn sie euch verfolgen, wenn ihr arm seid, wenn ihr Hunger habt.«

Viele Jahre lang hatte ich unter schrecklichen Kopfschmerzen zu leiden. Nur selten klagte ich; ich dankte vielmehr Gott, daß es mir nicht so schlecht ging wie manch anderen Menschen. Eines Tages sagte er zu mir: »Versuch es doch einmal und danke mir *für* die Kopfschmerzen.«

»*Für* die Schmerzen?«

»Ja, *für* die Schmerzen.«

Ich fing an, mich innerlich zu Gott aufzuschwingen und ihm zu danken, daß er mir diese Kopfschmerzen als Gelegenheit gab, die Kraft Christi in meinem Leben zu vermehren. Doch die Kopfschmerzen wurden nur noch schlimmer. Ich fuhr fort, Gott zu danken, doch mit jedem Wort des Dankes wurden die Schmerzen stärker. Ich erkannte, daß hier ein Glaubenskampf vor sich ging. Die Schmerzen wurden fast unerträglich, dennoch hielt ich an mit Loben und Danken, und plötzlich durchflutete mich eine große Freude. Die Freude ergoß sich in jede Zelle meines Leibes. Nie zuvor hatte ich erlebt, daß Freude solche Kraft schenken kann. Das Gefühl war so stark, daß ich meinte, es müßte mich jeden Moment vom Boden wegheben. Und die Kopfschmerzen waren völlig verschwunden!

Seit fünfzehn Jahren litt ich auch jeweils sechs Monate im Jahr an Heuschnupfen. Oft war es so schlimm, daß ich wochenlang niesen und husten mußte und dauernd mit dem Taschentuch vor der Nase herumlief. Ich bekam Spritzen, versuchte es mit den verschiedensten Medikamenten, betete, fastete und betete wieder. Ich suchte alle die Leute auf, von denen ich wußte, daß sie mit Kranken beteten. Aber nichts half.

Warum ließ Gott mich so leiden? Kümmerte er sich gar nicht darum, daß es mir so schlecht erging?

Mein Freund, Pfarrer Curry Vaughan, hatte zu mir gesagt, ich solle mit ihm glauben, daß Gott mich heile. Ich vermied ein Zusammentreffen mit Curry, wenn der Heuschnupfen mich plagte, denn er sagte mir jedesmal, ich müsse eben glauben. Ich hatte bereits fünfzehn Jahre lang geglaubt und wußte nicht, was ich noch mehr tun konnte.

Einmal sollte ich in einer Methodistenkirche sprechen. Als ich in die Stadt Columbus hineinfuhr, floß mir das Wasser wie ein Bächlein aus der Nase, und ich mußte so stark niesen, daß ich kaum weiterfahren konnte. Da kam mir der Gedanke: »Preise mich!«

Ich dachte darüber nach, wie gut Gott doch war, daß er mir diese Schwachheit im Fleisch gegeben hatte. Er ließ sie zu, weil er mich dadurch etwas lehren wollte. Es war ja kein Zufall der Natur, daß ich so vielen Dingen gegenüber allergisch war. Gott hatte es so geplant, zu seiner Ehre und zu meinem Wohl. »Dank sei dir, Herr, für deine Güte. Wenn es dein Wille ist, daß ich dieses Übel habe, dann werde ich dir vertrauen, daß du mich heilst, wenn es dir gefällt.«

»Was möchtest du, daß ich dir tun soll?«

»Heile mich, Herr.«

»Soll ich dich heilen oder die Symptome wegnehmen?«

»Ist das nicht das gleiche, Herr?«

»Nein.«

»Gut, Herr, dann heile mich, und ich werde den Symptomen keinerlei Beachtung mehr schenken.« Ich wußte, daß Gott mir damit etwas Neues und Wunderbares gezeigt hatte. Jedesmal, wenn ich früher um Heilung gebetet und zu glauben versucht hatte, hatte ich mich immer dann geschlagen gegeben, wenn die Symptome nicht weichen wollten. Nun wußte ich, daß Symptome überhaupt nichts zu bedeuten hatten. Ich brauchte nichts anderes tun als nur an Gottes Verheißung zu glauben; dann konnte Satan so viele Symptome vortäuschen, wie er nur wollte.

Als ich bei der Kirche ankam, lief meine Nase immer noch wie ein Wasserhahn, und ich mußte unaufhörlich niesen.

Ich sagte: »Herr, wenn du willst, daß ich mich blamiere, dann bin ich dazu bereit. Ich lasse mein Taschentuch hier im Wagen liegen und werde jetzt hineingehen und dein Wort verkündigen.«

Als ich auf die Kirche zuging, fühlte ich mich langsam besser. Und als dann der Gottesdienst vorüber war, stellte ich plötzlich fest, daß ich keinerlei Heuschnupfen-Symptome mehr hatte.

Die Tage vergingen, und die Symptome traten nicht mehr auf. Eines Abends, gerade als ich im Begriff war, zu einer Gebetsstunde zu gehen, fing meine Nase wieder an zu laufen.

Ich dachte: »Herr, so kann ich doch nicht in die Gebetsstunde gehen. Die Frauen dort werden denken, ich hätte gesündigt und du hättest mir den Glauben genommen. Sie werden sich um mich scharen und mich auffordern zu glauben, damit du mich heilst. Aber Herr, ich weiß doch, daß du mich bereits geheilt hast, deshalb danke ich dir für diese Symptome.«

In der Gebetsstunde ermahnte mich eine der Schwestern, ich solle glauben.

»Aber Gott hat mich doch geheilt«, beteuerte ich.

»Warum müssen Sie dann Ihre Nase noch so oft putzen?«

»Ich weiß es nicht, aber Gott weiß es, und ich preise ihn.«

Auf dem Nachhauseweg dankte ich ihm weiter dafür, daß er mein Leben nach seinem Willen lenkte. Wenn er wollte, daß Satan mir eines auswischen durfte, dann mußte er einen guten Grund dafür haben. Er hatte ja seinen eigenen Sohn für mich leiden lassen.

»Merlin.«

»Ja, Herr.«

»Du bist treu gewesen. Du wirst nie mehr auch nur die geringsten Heuschnupfen-Symptome haben.«

Wieder hob es mich vor Freude fast vom Sitz hoch. Nie mehr wollte ich um die Heilung einer bestimmten Sache zweimal beten. Gott spricht: »Bittet, so werdet ihr nehmen, daß eure Freude vollkommen sei« (Joh. 16, 24).

VIII

Lobt ihn

Eine der herrlichsten Erfahrungen in meinem Leben machte ich, als ich entdeckte, welche Kraft im Lob Gottes liegt. Doch jedesmal, wenn ich diese Erfahrung anderen mitteilen wollte, war es mir, als sagte Gott: »Behalte es für dich, die Zeit ist noch nicht gekommen.«

Als eines Tages Ron zu mir in die Seelsorge kam, bot er ein Bild des Elends und der Verzweiflung. »Herr Pfarrer, Sie müssen mir helfen. Als ich zum Militärdienst eingezogen wurde, wollte sich meine Frau das Leben nehmen. Jetzt habe ich den Marschbefehl nach Vietnam erhalten, und sie droht mir aufs neue, wenn ich ginge, würde sie Selbstmord begehen. Was soll ich bloß tun?«

Ron war Anwalt und Mitglied des Advokatenverbandes. Doch er war zum Militär einberufen worden und hatte es vorgezogen, als Rekrut zu dienen. Nun war er total aufgewühlt und völlig unfähig, die Situation mit seiner Ehefrau zu meistern.

»Ron, schicken Sie Ihre Frau zu mir, und ich werde schauen, was ich tun kann.«

Sue bot ein Bild des Elends. Mit ihrer zerbrechlichen Gestalt saß sie vor mir auf der Stuhlkante und zitterte von Kopf bis Fuß. Sie weinte fassungslos.

»Herr Pfarrer«, sagte sie mit kaum hörbarer Stimme, »ich habe solche Angst. Ich kann ohne Ron nicht leben.«

Ich sah sie an, und das Mitleid ließ mir die Tränen in die Augen treten. Ich kannte Sues Geschichte. Als kleines Kind war sie adoptiert worden, hatte sich später von den Adoptiveltern entfremdet und besaß nun außer Ron keinen einzigen Menschen auf der Welt. Die beiden liebten sich sehr, und ich wußte, wenn Ron nach Vietnam ginge, müßte Sue allein in einem Mietzimmer mitten in einer fremden Stadt leben.

Ich betete um Weisheit, um ihr einen Trost geben zu können.

»Sag ihr, sie solle dankbar sein.« Ungläubig schüttelte ich den Kopf. Ich mußte Gott falsch verstanden haben.

»Das soll ich ihr sagen, Herr?«

»Ja, jetzt kannst du damit beginnen, deine Erfahrung weiterzugeben.«

Ich blickte auf Sues tränenüberströmtes Gesicht, und der Mut wollte mir sinken.

»Gut, Herr, ich werde dir vertrauen.«

»Sue, ich freue mich, daß Sie gekommen sind«, sagte ich und lächelte dabei voll Vertrauen, das ich aber gar nicht empfand. »Sie brauchen sich keinerlei Sorgen zu machen. Alles wird gut werden.«

Sue richtete sich auf, wischte die Tränen vom Gesicht und zwang sich zu einem schwachen Lächeln.

Ich fuhr fort: »Ich möchte nun, daß Sie mit mir niederknien und Gott danken, daß Ron nach Vietnam geht.«

Völlig ungläubig schaute sie mich an. Ich nickte. »Ja, Sue, ich möchte, daß Sie Gott danken.«

Sofort fing sie wie hysterisch zu weinen an. Ich beruhigte sie, so gut ich konnte, und las ihr aus der Bibel die Verse vor, zu denen ich im Laufe der vergangenen Monate Vertrauen gewonnen hatte.

»Seid dankbar in allen Dingen; denn das ist der Wille Gottes in Christus Jesus an euch . . . Wir wissen aber, daß denen, die Gott lieben, alle Dinge zum Besten dienen.« Ich versuchte mit viel Sorgfalt, ihr die wunderbaren Wahrheiten zu zeigen, die ich mit Erfolg ausprobiert hatte.

Nichts schien zu helfen. Sue glaubte zwar an Gott und an Christus, doch sie war so verzweifelt, daß ihr dieser Glaube keinen Trost bieten konnte. Schließlich verließ sie mein Zimmer wieder, weinend, ohne Herzensfrieden und ganz sicher auch ohne Freude.

»Herr, habe ich dich denn vollkommen mißverstanden? Ich konnte dieser jungen Frau ja nicht im geringsten helfen.«

»Geduld, mein Sohn, ich bin an der Arbeit.«

Am nächsten Tag kam Ron zu mir. »Herr Pfarrer, was haben Sie bloß zu Sue gesagt? Es ist ja noch schlimmer als bisher.«

»Ich habe Sue gesagt, was die Lösung ihres Problems sei, und nun sage ich es auch Ihnen. Ich möchte, daß Sie niederknien und Gott dafür danken, daß er Sie nach Vietnam schickt, und auch dafür, daß Sue deswegen so aus der Fassung geraten ist und droht, sich das Leben zu nehmen.«

Auch Ron konnte das nicht begreifen. Auch ihm erklärte ich dieselben Schriftstellen: ». . . das ist der Wille Gottes in Christus Jesus an euch.«

Ron sagte: »Jetzt verstehe ich, weshalb Sue es nicht verstanden hat. Ich verstehe es nämlich auch nicht.« Und damit ging er.

Zwei Tage später kamen sie beide wieder zu mir. »Sir, wir sind verzweifelt. Sie müssen etwas tun und uns helfen.«

Beide hofften, als Militärgeistlicher sei ich in der Lage, für Ron einen Antrag auf Abänderung des Stellungsbefehls zu stellen.

Wiederum erklärte ich ihnen, daß Gott nur eine einzige Lösung für sie vorgesehen habe. »Denen, die Gott lieben, dienen alle Dinge zum Besten.«

»Wenn Sie glauben, daß Gott diese Sache für Sie beide zum Besten hinausführt, dann brauchen Sie nur noch zu vertrauen und ihm zu danken – ganz gleich, wie die Situation im Moment auch aussehen mag.«

Ron und Sue schauten einander an. »Was haben wir schon zu verlieren, Liebling?« sagte Ron. Dann knieten wir nieder, und Sue betete: »Herr, ich danke dir, daß Ron nach Vietnam geht. Dies muß wohl dein Wille sein. Ich kann es keineswegs begreifen, aber ich werde versuchen, dies zu tun.«

Dann betete Ron: »Herr, auch mir ist dies ganz unverständlich, aber ich vertraue dir. Ich danke dir, daß ich nach Vietnam gehe und daß Sue so außer Fassung ist. Dank sei dir auch dafür, daß sie vielleicht sogar versucht, sich etwas anzutun.«

Ich hatte das Empfinden, daß Ron und Sue nicht so überzeugt waren wie ich, aber ich dankte dem Herrn, daß sie wenigstens einen Versuch unternahmen.

Sie verließen daraufhin mein Amtszimmer. Später erfuhr ich dann, was geschehen war.

Ron und Sue gingen von meinem Zimmer aus direkt in die Kapelle, wo sie gemeinsam am Altar niederknieten. In einer tieferen Hingabe überließen sie Gott ihr Leben, und nun bekam

Sue die Kraft, daß sie beten konnte: »Gott, ich danke dir, daß Ron nach Vietnam geht. Du weißt, wie sehr er mir fehlen wird. Du weißt, daß ich keinen Vater, keine Mutter, keinen Bruder, keine Schwester und auch sonst keine Verwandten habe. Ich will dir vertrauen, Herr.«

Ron betete: »Gott, ich danke dir. Ich lege Sue in deine Hände. Sie ist dein, und ich vertraue dir, daß du für sie sorgst.«

Damit erhoben sie sich vom Altar. Ron eilte zu seiner Dienststelle zurück, während Sue wieder zurückkam und sich in den Warteraum neben meinem Amtszimmer setzte. Sie brauchte noch etwas Ruhe, um ihre Gedanken sammeln zu können. Während sie dort saß, kam ein junger Soldat herein und fragte nach dem Pfarrer. Sue sagte ihm, daß ich zu tun hätte. »Aber wenn Sie kurz warten wollen, dann sage ich ihm, daß Sie hier sind«, bot sie ihm an.

»Ich werde warten«, sagte der junge Soldat. Er hatte einen kummervollen Gesichtsausdruck, und Sue fragte: »Was haben Sie denn für ein Problem?«

»Meine Frau will sich scheiden lassen.«

Sue schüttelte den Kopf und sagte: »Dann hat es nicht viel Zweck, wenn Sie zu *diesem* Pfarrer gehen.« Doch der Soldat ließ sich nicht abwimmeln, und als sie so dasaßen und warteten, zog er seine Brieftasche heraus und zeigte Sue Bilder von seiner Frau und seinen Kindern. Als er dann noch ein Bild zeigte, rief Sue erschrocken: »Wer ist denn das?«

»Das ist meine Mutter.«

»Das ist *meine* Mutter«, erwiderte Sue und zitterte am ganzen Leib.

»Das ist nicht gut möglich«, antwortete der Soldat, »ich habe doch keine Schwester.«

»Aber das ist sie, ich weiß es bestimmt.«

»Wie kommen Sie denn darauf?«

»Als ich noch ein kleines Mädchen war, fand ich im Schreibtisch meiner Eltern einmal zufällig ein Schriftstück, aus dem hervorging, daß ich adoptiert war. In der oberen rechten Ecke war ein Bild von meiner richtigen Mutter. Und das hier ist sie. Das ist die gleiche Frau.«

Es war tatsächlich so.

Weitere Nachforschungen ergaben, daß Sue noch vor ihrer Geburt zur Adoption freigegeben worden war und daß ihre richtige Mutter sie noch nie gesehen hatte. Sie hatte keine Ahnung, wo Sue war und hatte vom Tag der Geburt an nie mehr etwas von ihr gehört.

Nun hatte Sue einen Bruder, einen richtigen Bruder, und mit ihm eine Schwägerin und Nichten und Neffen.

War dies Zufall? In den USA leben über 200 Millionen Menschen. Die Chancen, daß gerade dieser Soldat zu mir in die Sprechstunde will, und zwar gerade in dem Augenblick, wenn Sue einen Bund mit Gott gemacht und ihm versprochen hat, daß Sie ihn für ihre Einsamkeit und ihre Verlassenheit in dieser Welt loben und preisen wird, wären da wohl gleich null gewesen. Aber das war noch nicht alles. Auf dem Weg zur Dienststelle lief Ron einem alten Studienfreund in die Hände, der nun Jurist im Offiziersrang war.

»Hallo, alter Junge, wohin geht's denn?« sagte dieser, als er Ron begegnete.

»Preis sei Gott, ich gehe nach Vietnam«, gab Ron zur Antwort. Sie unterhielten sich eine Weile, und der Freund empfahl Ron, eine Versetzung zu beantragen, damit er bei ihm in der Rechtsabteilung arbeiten könne.

Ron und Sue brauchten sich in der Tat nicht zu trennen. Auch klammerte sich Sue jetzt nicht mehr so verzweifelt an Ron aus Furcht, ihn zu verlieren. Sie hatte nun ein freudiges Vertrauen zu Jesus Christus gewonnen und hatte allezeit ein Lob auf den Lippen.

Später kam ein Offiziersanwärter zu mir in die Seelsorge. Ungeniert weinte er sich bei mir aus. »Sir, Sie müssen mir helfen. Meine Frau hat die Scheidung eingereicht. Ihr Rechtsanwalt hat mir bereits die Papiere zum Unterschreiben zugesandt. Unter diesen Umständen kann ich die Offizierslaufbahn nicht fortsetzen, ich möchte am liebsten ganz aus der Armee austreten. Bitte helfen Sie mir.«

»Ich weiß eine gute Lösung für Ihr Problem. Wir wollen zusammen niederknien und Gott danken, daß Ihre Frau die Scheidung will.«

Er begriff dies so wenig wie Sue und Ron. Eingehend nahmen

78

wir die entsprechenden Bibelstellen miteinander durch. Schließlich raffte er sich dazu auf, wenigstens einmal einen Versuch zu wagen. Wir knieten uns nieder, er betete und übergab Gott die ganze Angelegenheit. Er dankte ihm dafür, daß er dies alles zugelassen hatte.

Als er zu seiner Einheit zurückkehrte, war er seelisch so fertig, daß man ihm für den Rest des Tages freigab. Er legte sich ins Bett und wiederholte ständig: »Ich danke dir, Herr, daß meine Frau die Scheidung will. Ich verstehe es zwar nicht, aber dein Wort sagt, daß ich dir für alles danken soll, deshalb tue ich es.« Den ganzen Tag über war er nur von diesem einen Gedanken erfüllt. In dieser Nacht konnte er nicht schlafen, er machte deshalb weiter und dankte Gott immer und immer wieder. Am nächsten Tag im Unterricht war er wie betäubt. »Herr, du weißt, ich verstehe es nicht, aber ich danke dir dennoch.«

Als er an diesem Abend im Kasino saß und sein Abendbrot aß, ging ihm plötzlich ein Licht auf. »Herr, du mußt tatsächlich wissen, was für mich am besten ist; du weißt es viel besser als ich. Ich weiß, dies alles muß dein Wille sein. Dank sei dir, Herr, jetzt begreife ich!«

In diesem Augenblick klopfte ihm jemand leicht auf die Schulter und bat ihn, ans Telefon zu kommen.

In all den Wochen, in denen er nun schon beim Militär war, hatte ihn noch nie jemand am Telefon verlangt.

Als er den Hörer abnahm, hörte er am anderen Ende jemand weinen. »Liebling, kannst du mir verzeihen? Ich möchte keine Scheidung mehr.«

Eines Tages betrat eine Dame mein Amtszimmer. Sie kam zögernd, eine Freundin hatte sie geradezu hereingeschleppt. Sie erzählte mir, daß sie sich ernsthaft mit Selbstmordgedanken getragen habe, halte es aber für sinnlos, mit mir darüber zu sprechen.

Nach und nach erfuhr ich dann Einzelheiten über ihre Verhältnisse. Ihr Ehemann hatte mit einer anderen Frau ein Kind gezeugt. Das Kind befand sich bei den Eltern ihres Mannes. Jedesmal, wenn sie nun ihre Schwiegereltern besuchte, sah sie dort das Kind. Was die Sache noch verschlimmerte, war die Tatsache, daß die Mutter des Kindes meist ebenfalls dort auftauchte, wenn sie gerade zu Besuch war. Obwohl ihr Mann selbst in finanziellen Schwierigkeiten steckte, sandte er seinen Eltern regelmäßig Unterhaltsgeld für das uneheliche Kind. Sie konnte diese ständige seelische Belastung nicht länger ertragen.

»Machen Sie sich keine Sorgen«, sagte ich zu ihr. »Das brauchen Sie auch nicht. Es gibt eine Lösung für Ihr Problem.«

Recht erstaunt sah sie mich an. »Was für eine denn?«

»Wir wollen jetzt niederknien und Gott dafür danken, daß ihr Mann ein Kind gezeugt hat.« Wieder erklärte ich die Schriftstellen, die davon handeln, daß wir Gott für alle Dinge danken sollen. Schließlich wischte sie die Tränen fort und war bereit, einen Versuch zu wagen. Wir beteten, und dann ging sie – entschlossen, Gott die Lösung der Probleme in ihrem Leben zu überlassen.

Am nächsten Morgen rief ich sie an und fragte, wie es ihr gehe.

»Wunderbar!«

»Wirklich?«

»Ja, Herr Pfarrer, ich bin so voller Freude heute morgen.«

»Was ist denn geschehen?«

»Als ich gestern nach Hause kam, überlegte ich, was ich wohl tun könnte, um zu zeigen, daß ich für das Kind meines Mannes dankbar bin. Es war mir klar, daß – wenn ich wirklich dankbar wäre – ich auch entsprechend handeln müßte. Also setzte ich mich hin und schickte meinen Schwiegereltern einen Scheck mit der Bitte, diesen für das Kind zu verwenden.«

Am nächsten Tag rief ich sie wieder an. Sie sagte: »Heute geht es mir noch besser als gestern.«

»Was haben Sie denn jetzt gemacht?«

»Mir ist eingefallen, daß in meiner Nähe eine Frau wohnt, die ein behindertes Kind hat. Heute morgen habe ich sie besucht und gefragt, ob ich ihr helfen und mich etwas um das Kind annehmen könne. Sie war so verwundert, daß sie kein Wort herausbrachte. Ich blieb und half ihr, wo ich konnte.«

»Wissen Sie denn, wie man mit behinderten Kindern umgeht?«

»Ja, Sir. Ich bin staatlich geprüfte Erzieherin für behinderte Kinder.«

»Sind Sie seit Ihrem Staatsexamen schon einmal in einer solchen Arbeit gestanden?«

»Nein. Dies ist das allererste Kind, an dem ich praktische Erfahrungen sammeln kann.«

»Verstehen Sie jetzt, weshalb Gott diese Dinge in Ihrem Leben zugelassen hat?«

»Ja, jetzt verstehe ich es, und ich danke ihm von Herzen dafür.« Von diesem Tag an war sie wie verändert. Ihre Bekannten sagten, vorher hätte sie immer so einen gequälten Eindruck gemacht. Jetzt sehe sie aus, als habe sie ein wunderbares Geheimnis entdeckt, und durch ihre Freude und Ausstrahlung würden die Menschen zu Christus hingezogen.

Jesus hat uns keine Veränderung der Verhältnisse verheißen, jedoch großen Frieden und Freude für die, die glauben lernen, daß Gott tatsächlich *alle Dinge* unter seiner Kontrolle hat.

Dadurch, daß wir ihn preisen, wird die Kraft Gottes frei und beeinflußt unsere Verhältnisse; dadurch ist es Gott möglich, unsere Verhältnisse zu verändern, wenn dies seinem Plan entspricht. Sehr oft verhindert unsere innere Haltung die Lösung eines Problems. Natürlich ist Gott souverän, und er könnte sehr wohl über unsere falsche Denkweise und unsere verkehrte Einstellung hinweggehen. Aber sein vollkommener Plan sieht vor, daß jeder einzelne von uns in eine innige Gemeinschaft mit ihm gebracht wird. Deshalb läßt er widerwärtige Verhältnisse und unangenehme Ereignisse zu, die uns dann auf unsere verkehrte Einstellung aufmerksam machen.

Ich bin zu der Überzeugung gekommen, daß das Dankgebet die höchste Form der Gemeinschaft mit Gott darstellt und daß es die Gebetsform ist, bei der stets ein großes Maß an Kraft frei wird und in unserem Leben zur Auswirkung kommt. Gott loben ist nicht etwas, was man tut, weil man sich wohl fühlt, sondern es ist vielmehr ein Gehorsamsakt. Oft ist die Aufbietung der gesamten Willenskraft erforderlich, um Gott einen solchen Lobpreis darzubringen. Doch wenn wir hartnäckig darin beharren, wird irgendwie die Kraft Gottes in uns und in unsere Situation hinein frei, zuerst vielleicht nur tropfenweise, sie wird aber dann zu einem anschwellenden Strom, der uns schließlich überflutet und die alten Wunden und Narben hinwegwäscht.

Die Frau eines Soldaten kam mit einem Problem zu mir, von dem sie überzeugt war, daß es dafür nur eine Lösung gab.

Ihr Mann hatte das Trinken angefangen und war seit einigen Jahren Alkoholiker. Oft kippte er in betrunkenem Zustand im Wohnzimmer um, dort fanden ihn dann später seine Frau oder seine Kinder – splitternackt. In diesem Zustand hatte man ihn auch schon in der Eingangshalle des Mietshauses gefunden, das sie mit anderen Familien bewohnten.

In letzter Verzweiflung entschloß sich nun diese Frau, zusammen mit den Kindern ihren Mann zu verlassen. Ihre Freunde bewegten sie jedoch dazu, vorher wenigstens noch mit mir zu sprechen.

»Egal, was Sie mir jetzt sagen, Herr Pfarrer, aber sagen Sie mir bloß nicht, daß ich bei ihm bleiben soll«, sagte sie. »Ich kann es einfach nicht mehr.«

»Es ist mir im Grunde gleichgültig, ob Sie bei ihm bleiben oder nicht«, gab ich zur Antwort, »aber bitte, danken Sie Gott, daß Ihr Mann so ist, wie er ist.« Eingehend erklärte ich ihr, daß die Bibel uns auffordert, Gott für alles zu danken, und wenn sie dies versuche, Gott in der Lage sei, ihr Problem bestens zu lösen.

Sie meinte, diese Auffassung sei doch wohl etwas überspannt, kniete sich aber schließlich doch nieder, während ich betete, Gott möge ihr so viel Glauben schenken, daß sie an ihn glauben könne als einen Gott der Liebe und der Kraft, der das ganze Universum in seiner Hand hält.

Schließlich sagte sie: »Ich glaube jetzt.«

Zwei Wochen später rief ich sie an.

»Mir geht es einfach herrlich«, sagte sie. »Mein Mann ist völlig verändert. Seit zwei Wochen hat er keinen Schluck mehr getrunken.«

»Das ist ja wunderbar«, sagte ich. »Ich würde gerne einmal mit ihm sprechen.«

»Ich verstehe nicht ganz.« Ihre Stimme klang überrascht.

»Ich meine nur, es wäre doch gut, wenn ich mit Ihrem Mann einmal über die Kraft reden würde, die in unserem Leben wirkt.«

»Haben Sie ihm denn das nicht bereits gesagt?«

»Nein, ich habe ihn bis jetzt noch nicht kennengelernt.«

»Herr Pfarrer, dann ist ja ein Wunder passiert«, rief sie aus. »An jenem Tag, an dem ich bei Ihnen war, kam er von der Arbeit nach Hause und ging zum erstenmal seit sieben Jahren nicht an den Kühlschrank, um sich ein Bier zu holen. Statt dessen ging er ins Wohnzimmer und unterhielt sich mit den Kindern. Ich war fest überzeugt, Sie hätten mit ihm gesprochen.«

Durch unser Dankgebet war die Kraft Gottes frei geworden und hatte angefangen, im Leben eines Menschen zu wirken.

»Preis sei Gott, Herr Pfarrer«, schluchzte sie, »jetzt weiß ich, daß Gott jede Einzelheit in unserem Leben ordnet.«

Ein junger Soldat, der ein schweres Herzleiden hatte, erlitt einen Kollaps und mußte ins Krankenhaus nach Fort Benning gebracht werden. Nach seiner Entlassung mußte er immer wieder zu Nachuntersuchungen ins Krankenhaus zurück und wurde schließlich zwecks einer Herzoperation in ein anderes Krankenhaus überwiesen. Diese Mitteilung brachte ihn an den Rand der Verzweiflung, und er fing an zu trinken. Seine Verzweiflung steigerte sich so sehr, daß er sich schließlich zur Flucht entschloß. Er stahl Kleider von Kameraden in der Kaserne und machte sich mit dem Wagen des Oberfeldwebels heimlich davon. Diesen Wagen fuhr er später total zusammen.

Der Unglückliche wurde geschnappt und kam in Untersuchungshaft, wo er die Gerichtsverhandlung abwarten mußte. Dort wurde er von einem anderen Soldaten zu Christus geführt. Ich besuchte ihn, aber er war trotzdem noch ziemlich niedergeschlagen und hatte Angst, sein Leben sei nun so total verpfuscht, daß er zu nichts mehr tauge.

»Ihre Sünden sind vergeben und vergessen«, sagte ich zu ihm. »Betrachten Sie Ihre Vergangenheit nicht als eine Kette, die Ihnen am Hals hängt. Danken Sie vielmehr Gott für jedes kleine Ereignis in Ihrem Leben und glauben Sie, daß er alle diese Dinge zugelassen hat, damit Sie zu ihm finden würden.«

Gemeinsam suchten wir in der Heiligen Schrift und prüften das Wort Gottes, das sagt, daß denen, die Gott lieben, alle Dinge zum Besten dienen.

»Und damit sind nicht nur die Dinge gemeint, die nach Ihrer Bekehrung geschehen sind«, sagte ich. »Gott kann sogar die Fehler und das Versagen der Vergangenheit zum Besten wenden, wenn wir sie ihm mit Danksagung überlassen.«

Er begriff und fing an, Gott ernstlich für all das zu danken, was in seinem Leben geschehen war. Als sich der Tag der Gerichtsverhandlung näherte, sagte ihm sein Verteidiger, im besten Fall müsse er mit einer fünfjährigen Haftstrafe und mit unehrenhafter Entlassung aus dem Militärdienst rechnen. Aber er blieb fest und glaubte weiter, daß – was immer auch geschehen würde – Gott die volle Kontrolle über sein Leben habe und alles zum Besten hinausführe.

Die Verhandlung nahm ein überraschendes Ende: der Soldat wurde zu einer sechsmonatigen Haftstrafe im örtlichen Militärgefängnis verurteilt und wurde nicht aus der Armee entlassen. Gemeinsam mit Pfarrer Curry Vaughan besuchte ich ihn im Gefängnis. Wir hatten angenommen, wir müßten ihn aufmuntern, statt dessen wurden wir von ihm aufgemuntert. Die Freude, die ihn erfüllte, wirkte geradezu ansteckend. Bald tönte unser Lachen durchs ganze Gefängnis. Der junge Soldat konnte nicht still stehen, sprang er im Besuchszimmer umher.

Ehe wir wieder gingen, fragten wir ihn, wie er sich gesundheitlich fühle. Er sollte sich ja einer Herzoperation unterziehen, und vom medizinischen Standpunkt aus brauchte er auch dringend ärztliche Hilfe. Er gab zu, daß er sich körperlich sehr schwach fühle und sein Herz ihm oft zu schaffen mache. Aber er sagte: »Es ist so wunderbar, daß Gott auch hierin für mich sorgt.«

Wir fragten ihn, ob wir mit ihm beten sollten, und er antwortete: »Bitte, beten Sie, ich glaube, daß Gott mich heilen wird.«

Wir legten ihm die Hände auf und glaubten, daß Gott durch Jesus Christus ihn auf der Stelle heilen würde. Mit strahlendem Lächeln sagte der Soldat dann: »Ich glaube, es ist geschehen.«

Einige Wochen später sprach ich mit seinem Kompanieführer. »Ich bin der Ansicht, es ist Geldverschwendung, wenn wir diesen Mann noch länger im Bau lassen«, sagte ich.

»Wieso denn, Herr Pfarrer?«

»Er ist nicht mehr der gleiche, der einmal Kleider entwendete und ein Auto stahl, daß er dann kaputtfuhr. Er hat sich ganz und gar verändert.«

Der Kompanieführer erklärte sich einverstanden und entließ den Mann aus dem Gefängnis. Eine Woche später fragte ich den Soldaten, wie es ihm ginge.

»Herr Pfarrer, früher machte ich nach 100 Metern Fußmarsch bereits schlapp. Jetzt kann ich sogar laufen und werde kein bißchen müde dabei. Gott hat mich geheilt.«

Überall, wo ich hinging, erzählte ich nun, welche Kraft ich im Loben und Preisen entdeckt hatte. Langsam lernte ich, daß der Lobpreis nicht nur eine bestimmte Form der Anbetung oder des Gebets ist, sondern auch ein Mittel, um geistliche Kriege zu führen. Oft geschah es auch, daß jemand Gott dankte für die vor ihm liegenden Probleme, um dann festzustellen, daß Satan seine Angriffe nur noch verstärkte und die Situation schlimmer anstatt besser wurde. Viele, die diesen Weg des Lobens und Preisens beschritten, wurden entmutigt und konnten nicht mehr glauben, daß Gott alles in den Händen hielt.

Andere wieder konnten diesen Weg einfach nicht verstehen und weigerten sich, Gott für die unangenehmen Dinge zu danken. »Das ist doch völlig absurd«, sagten sie. »Ich danke doch Gott nicht für die Dinge, mit denen er meiner Ansicht nach überhaupt nichts zu tun haben kann. Wie kann denn Gott etwas zu tun haben mit einem gebrochenen Arm, mit meinem in Brüche gegangenen Auto oder mit dem Jähzorn meines Mannes. Ich wäre doch dumm, wenn ich ihm für so etwas danken würde.«

Natürlich ist dieser Weg unverständlich. Die Frage ist nur die: Führt er zum Ziel? Es ist auch unverständlich, wenn Jesus sagt, daß wir bei Hunger, Armut oder Verfolgung vor Freude hüpfen sollen. Doch hat er uns genau das befohlen. In Nehemia 8, 10 lese ich: »Die Freude am Herrn ist eure Stärke.«

Es ist einfach unmöglich, daß die Pfeile des Feindes die Freude jenes Menschen durchlöchern können, der den Herrn lobt und preist. In 2. Chronik 20 wird berichtet, wie eine ganze Armee geschlagen wurde, nur weil die Israeliten den Herrn lobten und priesen und ihm glaubten, wenn er sagte, daß der Kampf nicht ihrer sei, sondern des Herrn.

Die Botschaft ist heute genauso klar und deutlich. Der Kampf ist nicht unser, sondern Gottes. Wenn wir loben und preisen, jagt er unsere Feinde in die Flucht.

Es war stets sehr entmutigend und traurig, wenn ich Menschen sah, die sich weigerten, den Herrn zu preisen. Ich empfand dann immer einen inneren Schmerz für sie, weil sie in ihrer hoffnungslosen Lage so leiden mußten. Ich bat Gott um Weisheit und Verständnis, weshalb sie diesen Weg des Dankens nicht akzeptieren konnten, und bat ihn auch um mehr Geschick, den Menschen diesen gesegneten Weg weisen zu können.

Fast sieben Monate, nachdem ich zum erstenmal die übersprudelnde Freude im Geist erlebt hatte, ging ich zu einer Freizeit von »Camp Farthest Out«. Ich freute mich auf die Zeit der Entspannung und der Gemeinschaft mit meinen Brüdern und Schwestern in Christus.

Mit geschlossenen Augen saß ich hinten im Saal, als Gott vor meinem inneren Auge ein Bild zeichnete.

Auf diesem Bild sah ich einen schönen, warmen Sommertag. Strahlendes Sonnenlicht überflutete die Landschaft, und alles war sehr schön. Oben auf dem Bild sah ich eine dicke, schwarze Wolke, über der man nichts mehr sehen konnte. Eine Leiter reichte von der Erde bis hinauf zu dieser schwarzen Wolke. Unten an der Leiter standen Hunderte von Menschen, die versuchten, auf dieser Leiter hochzusteigen. Sie hatten gehört, daß es über der dunklen Wolke etwas gebe, das schöner sei als alles, was Menschen je gesehen hätten, und das denen unaussprechliche Freude bringe, die es erreichen. Einer nach dem andern stieg hoch und kletterte rasch bis zum unteren Rand der Wolke. Die Menge sah gespannt zu, was geschehen würde.

Nach kurzer Zeit kamen sie einzeln in wildem Tempo wieder heruntergerutscht und fielen in die Menge. Dabei wurden die Untenstehenden in alle Richtungen geschleudert. Die, die hochgestiegen waren, berichteten, daß sie oben in der schwarzen Wolke jegliche Orientierung verloren hätten.

Schließlich kam ich an die Reihe, und als ich an der schwarzen Wolke angelangt war, wurde die Finsternis so stark, daß sie mich fast zwang, aufzugeben und wieder umzukehren. Doch ich ging Stufe um Stufe weiter aufwärts, bis mein Auge plötzlich eine Helligkeit erblickte, wie ich sie noch nie gesehen hatte. Ich war umgeben von einem strahlenden Glanz, der so herrlich war, daß ich ihn mit Worten nicht beschreiben konnte.

Ich stellte fest, daß ich auf der Wolke sogar gehen konnte. Während ich in das Licht hineinschaute, konnte ich mühelos gehen. Wenn ich aber nach unten sah und mir die Wolken näher anschauen wollte, sank ich sofort ab. Nur wenn ich aufwärts ins Licht blickte, blieb ich oben.

Dann verwandelte sich die Szene, und ich konnte nun aus einer gewissen Entfernung alle drei Stufen beobachten.

»Was soll das alles bedeuten?« fragte ich und bekam diese Antwort: »Der helle Sonnenschein unter der Wolke ist das Licht, in dem viele Christen leben und das sie für normal ansehen. Die Leiter ist die Leiter des Lobens und Dankens. Viele versuchen, auf ihr hochzusteigen, und wollen es auch lernen, mir in allen Dingen zu danken. Anfangs sind sie ganz eifrig, aber wenn sie dann auf Dinge stoßen, die sie nicht verstehen, dann lassen sie sich aus der Fassung bringen und gehen nicht mehr weiter. Sie verlieren den Glauben und rutschen ab. Indem sie fallen, schaden sie auch anderen Menschen und zerstören deren Hoffnung auf ein Leben ununterbrochener Freude und ständigen Dankes.

»Diejenigen aber, die durch die Schwierigkeiten hindurchstoßen, gelangen in eine neue Welt. Sie erkennen, daß ihr bisheriges Leben, das sie für normal gehalten hatten, nicht mit dem Leben zu vergleichen ist, das ich für die Menschen bereitet habe, die mich preisen und mir vertrauen, daß ich auf ihr Leben achthabe. Wer in das Licht des himmlischen Reiches gelangt, kann auf den Schwierigkeiten gehen – mögen Sie auch noch so dunkel aussehen, solange sie den Blick von den Problemen abwenden und auf meinen Sieg in Christus richten. Ganz gleich, wie schwierig es auch sein mag zu glauben, daß Gott jede Einzelheit in deinem Leben ordnet, halte dich fest an der ›Lob-und-Dank-Leiter‹ und steige aufwärts!«

Ich war von der Vision und von der Auslegung wie betäubt und fragte mich, ob ich dieses Erlebnis wohl bald an andere weitergeben dürfe.

Bei der Freizeit lernte ich auch eine Frau kennen, die zu Hause große Probleme hatte. Krankheit und andere Schwierigkeiten in der Familie machten es ihr nicht leicht zu glauben, daß durch Loben und Danken auch ihr geholfen werden könnte.

Innerlich bat ich um Weisung, und Gott sprach: »Sag es ihr!«

Also erzählte ich ihr mein Erlebnis. »Sie sind der erste Mensch, dem ich dieses erzähle«, sagte ich, und während sie aufmerksam zuhörte, konnte ich sehen, wie der Druck von ihr wich und wie ihr Gesicht und ihre Augen voll freudiger Erwartung aufleuchteten.

In Epheser, Kapitel 1 und 2, fand ich meine Vision mit etwas anderen Worten von Paulus beschrieben:

»... Gelobt sei Gott, der Vater unsers Herrn Jesus Christus, der uns gesegnet hat mit allerlei geistlichem Segen in himmlischen Gütern durch Christus ... er hat uns erwählt, ehe der Welt Grund gelegt war, daß wir sollten heilig und unsträflich sein vor ihm ... zum Lob seiner herrlichen Gnade ... damit ... wenn die Zeit erfüllt wäre ... alle Dinge zusammengefaßt würden in Christus ... auf daß wir etwas seien zum Lob seiner Herrlichkeit, die wir zuvor auf Christus gehofft haben ... daß ihr erkennen möget ... was da sei die überschwengliche Größe seiner Kraft an uns, die wir glauben, weil die Macht seiner Stärke bei uns wirksam wurde, die er in Christus wirken ließ. Durch sie hat er ihn von den Toten auferweckt und gesetzt zu seiner Rechten im Himmel über alle Reiche, Gewalt, Macht, Herrschaft ... Und hat uns samt ihm auferweckt und samt ihm in das himmlische Wesen gesetzt in Christus Jesus ...«

Jesus Christus wurde über alle Mächte der Finsternis erhoben, und nach Gottes Wort liegt unser rechtmäßiges Erbe zusammen mit Christus dort *über* der Finsternis. Die Leiter, auf der wir dorthin gelangen können, ist der Lobpreis!

Ich war mir nun der Kraft bewußt, die im Loben und Danken enthalten ist, hatte aber auch die Tücken des Feindes erkannt.

Als ich in meiner Bibel nach tieferen Erkenntnissen über das Lob Gottes forschte, stieß ich auch auf Schriftstellen über die Kraft, die wir in Christus über die Mächte der Finsternis empfangen haben. Schon lange kannte ich die Schriftstelle in Mark. 16, in der Jesus die Zeichen nennt, die den Gläubigen folgen werden: »In meinem Namen werden sie böse Geister austreiben, in neuen Zungen reden, Schlangen vertreiben, und wenn sie etwas Tödliches trinken, wird's ihnen nicht schaden; auf Kranke werden sie die Hände legen, so wird's besser mit ihnen werden.«

Ich hatte Gott gebeten, mir zu zeigen, ob dies alles auch noch im 20. Jahrhundert seine Gültigkeit habe, und wenn ja, wann und wie ich davon Gebrauch machen solle.

Wenn ich mich in der Nähe gewisser Leute aufhielt, hatte ich oft ein so unbehagliches Gefühl. Als ich Gott um Klarheit bat, bekam ich den starken Eindruck, daß ihre Beschwerden dämonischer Art wären.

Ich bat Gott um Weisheit, damit ich wüßte, was ich zu tun hätte, falls ich einmal in einer Gebetsstunde einer solchen Person begegnen würde.

Ein Soldat hatte seine Frau und seine drei Kinder verlassen. In ihrer Verzweiflung beging die Frau einen Selbstmordversuch. Sie wurde auf schnellstem Wege ins Krankenhaus eingeliefert und konnte gerettet werden. Bekannte brachten sie zu mir, nachdem sie wieder zu Hause war. Sie erzählten mir, sie hätten die Frau seit Jahren nicht lachen sehen. Ich redete mit ihr über den göttlichen Weg des Lobens und Dankens, fühlte mich aber bald innerlich gedrungen, nicht weiterzureden. Ich schaute ihr in die Augen und hatte plötzlich den Eindruck, daß in ihr etwas ganz Böses, Teuflisches steckte.

Die Furcht stieg in mir hoch. Ich erkannte, daß ich nun tatsächlich dem Bösen Auge in Auge gegenüberstand.

»Herr«, betete ich im stillen, »ich bin jetzt so weit gegangen, ich kann nicht mehr zurück. Ich werde deshalb im Glauben handeln und dir vertrauen, daß du das Werk vollbringst.«

Ich schaute dieser Frau direkt in die Augen und befahl dem bösen Geist mit lauter Stimme, im Namen des Herrn Jesus Christus und durch die Kraft seines vergossenen Blutes diesen Leib zu verlassen.

Ihr glasiger Blick wurde auf einmal klar, und sie konnte mir nun zuhören, als ich ihr erklärte, daß denen, die Gott lieben, alle Dinge zum Besten dienen, wenn sie nur glaube und ihm danke. Sie war jetzt frei und konnte mit strahlendem Lächeln verstehen, was ich ihr klarmachte. Jesus Christus hatte die Fesseln zerbrochen, die sie gebunden hielten.

Pfarrer Curry Vaughan jr. hatte inzwischen auch die Kraft, die im Loben und Danken enthalten ist, in seinem eigenen Leben erfahren. Bald nachdem er damit begonnen hatte, Gott jedesmal für seine Schwierigkeiten zu danken, kam er eines Abends nach Hause und erfuhr, daß seine zwei Jahre alte Tochter ein Glas hochprozentigen Terpentinöls getrunken hatte. Sie war bereits auf schnellstem Wege ins Krankenhaus gebracht worden. Curry sprang in seinen Wagen und jagte mit Vollgas zum Krankenhaus, um bei seinem Töchterchen zu sein. Gedanken der Furcht und der Sorge wirbelten ihm durch den Sinn. Plötzlich sah er ein, wie gefährlich schnell er fuhr; er verlangsamte das Tempo und pries den Herrn für das, was geschehen war.

Im Krankenhaus wurde seiner Tochter der Magen ausgepumpt. Nach der Röntgenaufnahme sagte man Curry, daß zwei Dinge nahezu unvermeidlich seien: Erstens würde sie in dieser Nacht hohes Fieber bekommen, zweitens würde sich mit 95prozentiger Sicherheit eine Lungenentzündung einstellen.

Curry und seine Frau nahmen die Tochter mit nach Hause und trafen den Anweisungen des Arztes gemäß entsprechende Vorkehrungen, um ständig an ihrem Bett zu wachen.

Zu Hause nahm Curry seine Tochter auf den Arm und betete: »Himmlischer Vater, ich weiß, daß der Satan wieder einen Angriff auf mich ausgeführt hat, und ich habe dir dafür gedankt. Nun bitte ich dich im Namen Jesu, daß Virginia kein Fieber und keine Lungenentzündung bekommt.«

Am nächsten Morgen erwachte Virginia so gesund und munter wie eh und je. Sie hatte keinerlei Beschwerden mehr.

Einmal besuchte mich ein erfolgreicher Geschäftsmann; er hatte eine Tochter im Teenageralter. Ich kannte die Familie und wußte, daß die Tochter über das übliche Maß hinaus Liebe und Fürsorge erhalten hatte. Trotzdem hatte sie ihrer jüngeren Schwester gegenüber einen heftigen Haß entwickelt, so daß sie oft mit dem nächstbesten Gegenstand – mochte er noch so schwer sein – ausholte und auf sie einschlug.

Die bestürzten Eltern waren mit ihr beim Psychiater gewesen, behandelten sie mit Beruhigungsmitteln und beteten seit Jahren, daß Gott ihnen eine Lösung für dieses schreckliche Problem zeigen möge.

Sie erkannten die Gefahr, die mit zunehmenden Gewaltausbrüchen verbunden war.

Ich sprach mit beiden Elternteilen und ermahnte sie, das eine zu tun, was sie bisher unterlassen hatten.

»Was ist das?« fragten sie beide.

»Danken Sie dem Herrn, daß Er Ihnen dieses Kind geschenkt

hat. Loben Sie ihn von Herzen dafür, daß er genau wußte, was Ihrer Familie zum größten Segen werden würde.«

Zuerst meinten sie, das könnten sie unter keinen Umständen fertigbringen. Jahrelang hatten sie nach einer Lösung dieses Problems gesucht und hielten es für völlig ausgeschlossen, daß sie jetzt plötzlich für den Zustand ihrer Tochter dankbar sein könnten. Wir lasen miteinander die Heilige Schrift und beteten dann, daß Gott ein Wunder wirken und ihnen helfen möge, ihm zu danken.

Und es geschah ein Wunder. Sie fingen an, dankbar zu werden und setzten diese Dankbarkeit zwei Wochen lang in die Tat um. Anstelle von Sorge und Furcht erlebten sie nun Frieden und Freude.

Eines Abends waren sie im Wohnzimmer. Ihre älteste Tochter stand mitten im Zimmer und hielt einen Blumentopf in der Hand. Sie warf einen Blick auf die Eltern, und als sie merkte, daß diese ihr zusahen, lachte sie und ließ den Topf auf den Teppich fallen. Erde, Scherben und Blumen flogen in alle Richtungen. Das Mädchen stand lachend da und wartete darauf, wie die Eltern reagieren würden. Aber beide hatten sich inzwischen so im Danken geübt, daß sie ganz automatisch zu gleicher Zeit sagten: »Dank sei dir, Herr.«

Die Tochter sah sie ganz erstaunt an. Dann hob sie den Kopf, schaute zum Himmel hoch und sagte: »Dank sei dir, Herr, daß du mich lehrst.« Von dem Augenblick an wurde es besser mit ihr.

Voller Freude kamen ihre Eltern zu mir. Die Kraft des Dankens hatte wieder einmal gewirkt. Jahrelang hatte Satan diese Familie durch die Tochter geplagt. Nun war der Bann gebrochen. Im Jakobusbrief lesen wir, daß wir uns Gott nahen und dem Satan widerstehen sollen. In Römer 12, 21 beschreibt Paulus, wie das geschehen soll: »Laß dich nicht vom Bösen überwinden, sondern überwinde das Böse mit Gutem.«

Ich wurde schon gefragt, ob dieses Prinzip des Dankens nicht nur eine andere Form der Kraft des positiven Denkens sei. Weit gefehlt! Wenn wir Gott für unsere Verhältnisse danken, dann bedeutet das nicht, daß wir unsere Augen vor den Schwierigkeiten verschließen. In seinem Brief an die Philipper ermahnt uns Paulus: »Sorget nichts, sondern in allen Dingen lasset eure Bitten im Gebet und Flehen mit *Danksagung* vor Gott kund werden. Und der Friede Gottes, welcher höher ist als alle Vernunft, bewahre eure Herzen und Sinne in Christus Jesus!«

Wenn wir nur die gute Seite einer Situation sehen, besteht oft die Gefahr, daß wir der Wirklichkeit entfliehen. Wenn wir Gott preisen, danken wir ihm *für* unsere Verhältnisse, nicht wegen derselben.

Wir versuchen nicht, unsere Schwierigkeiten zu meiden, sondern Jesus Christus zeigt uns den Weg, wie wir sie überwinden.

Es gibt diese Leiter des Lobens und Dankens, und ich glaube, daß jeder ohne Ausnahme damit beginnen kann, Gott zu preisen, ganz gleichgültig, in welcher Lage er sich auch befinden mag.

Wenn unser Lobpreis den vollkommenen Stand erreichen soll, den Gott dafür vorsieht, dann müssen wir uns von jeglichen Gedanken an Belohnung freimachen. Das Danken ist kein Mittel, um mit Gott Geschäfte zu machen. Wir dürfen nicht sagen: Jetzt haben wir dich in dieser verzwickten Lage gepriesen, nun mußt du uns auch herausführen.

Um Gott mit reinem Herzen loben zu können, müssen wir unser Herz zuerst von unreinen Motiven und versteckten Absichten reinigen lassen. Wir müssen uns selbst sterben, damit wir mit erneuertem Sinn und Geist in Christus leben können.

Das Sterben der eigenen Natur gleicht einer Straße, die vorwärts führt und die wir meiner Überzeugung nach nur durch Loben und Danken beschreiten können.

Gott fordert uns auf, ihn zu loben, und die vollkommene Form des Lobpreises ist die, zu der uns Paulus in Hebr. 13, 15 aufruft: »So lasset uns nun durch ihn (Christus) Gott allezeit das Lobopfer bringen, das ist die Frucht der Lippen, die seinen Namen bekennen.«

Ein echtes Lobopfer wird dann dargebracht, wenn alles um uns her dunkel ist. Es kommt aus einem schweren Herzen und wird Gott dargereicht, weil der Gott und Vater und Herr ist.

Ich glaube nicht, daß es möglich ist, Gott in dieser Weise zu preisen, ohne die Taufe im Heiligen Geist empfangen zu haben.

Wenn wir anfangen, ihn zu loben – ganz gleich, auf welcher Sprosse der Leiter wir auch stehen –, dann wird unser Wesen mehr und mehr von seinem Heiligen Geist durchdrungen.

Ihn ununterbrochen zu loben bedeutet ein ständiges Abnehmen des eigenen Wesens und ein ständiges Zunehmen der Gegenwart Christi in uns, bis wir uns mit Petrus freuen können, und zwar mit unaussprechlicher und herrlicher Freude.

»Und eine Stimme ging aus von dem Thron:
Lobet unsern Gott, alle seine Knechte,
die ihn fürchten, beide, klein und groß!

Und ich hörte, und es war wie eine Stimme
einer großen Schar und wie eine Stimme
großes Wasser und wie eine Stimme starker
Donner, die sprachen: HALLELUJA!«

Offenbarung 19, 5–6.

Weitere Bücher von Merlin Carothers:

LEBEN IN NEUEN DIMENSIONEN

160 Seiten, Paperback

Seit seiner Begegnung mit Christus lebt Merlin Carothers IN NEUEN DIMENSIONEN. Stück für Stück entdeckte er die Wahrheiten der Bibel und machte sie sich zu eigen. Der Schlüssel hierzu heißt: »Loben und Danken.« »Loben und Danken läßt die Kraft Gottes in unserem Leben frei werden, denn Loben und Danken ist Glaube in Aktion.«

SAGET DANK ALLEZEIT

160 Seiten, Paperback

In zahlreichen Briefen schildern Leser der ersten beiden Bücher von M. Carothers, wie es ihnen erging und was sie erlebten, als sie den Versuch machten, das Rezept vom »allezeit Danken« selbst auszuprobieren.

LOBPREIS SCHAFFT VERÄNDERUNGEN

160 Seiten, Paperback

Eine weitere Sammlung von Briefen und lebendigen Berichten über die Tatsache: Lobpreis schafft Veränderungen.

FREI, UM GOTT ZU LOBEN

140 Seiten, Paperback

Immer wieder bringen Leser zum Ausdruck, welche positiven Veränderungen der Lobpreis in ihrem Leben bewirkte. Es gibt aber auch andere Stimmen, die sagen: »Ich habe versucht, Gott zu preisen, doch ohne sichtlichen Erfolg.« Hier bietet Carothers echte Hilfe.

DER NEUE AUFTRAG
120 Seiten, Paperback

Familie Carothers hatte gerade erst ihr neues komfortables Predigerwohnhaus in Ambia, Indiana, bezogen, das ihnen die Gemeindeglieder der Methodistengemeinde erbaut hatten.
"Gott müßte schon direkt eingreifen, wenn ich jemals wieder von hier weggehen sollte", sagte Mary Carothers. Doch das Eingreifen Gottes ließ nicht lange auf sich warten.

GOTT HAT WEGE IN DER WÜSTE
160 Seiten, Paperback

Buchstäblich Tausende von Menschen wurden durch die bisher erschienen Bücher von Merlin Carothers dazu inspiriet, Gott "für alles zu danken".
Wie verhält sich aber der Autor selbst, wenn er in Situationen gerät, die einem beim Lesen fast den Atem rauben? In packender, dramatischer und ehrlicher Weise berichtet Carothers davon, daß der Weg des Lobpreises auch "durch die Wüste" führt.

Ralph Wilkerson,
NICHT LÄNGER EINSAM
Eine praktische Hilfe zur Überwindung der häufigsten Todesursache der Welt.
95 Seiten, Taschenbuch

Elvis Presley, Judy Garland, Freddie Prinze, Marilyn Monroe und Howard Hughes hatten alle etwas gemeinsam. Hinter dem Glanz ihres Ruhmes waren sie Opfer einer Krankheit, die uns alle bedroht: die Einsamkeit.
Als erfahrener Evangelist, Pastor und Seelsorger gibt Dr. Ralph Wilkerson praktische Ratschläge und echte Lebenshilfe für einsame Menschen aller Altersstufen.